菌業人生

中国乡村菌业专家风采录

中国乡镇企业协会食用菌产业分会 编

(2019 版)

中国农业出版社
北 京

图书在版编目（CIP）数据

菌业人生：中国乡村菌业专家风采录：2019 版 / 中国乡镇企业协会食用菌产业分会编 .— 北京：中国农业出版社，2020. 8

ISBN 978-7-109-26877-7

Ⅰ . ①菌…　Ⅱ . ①中…　Ⅲ . ①食用菌类—专业技术人员—生平事迹—中国—现代 Ⅳ . ① K826.3

中国版本图书馆 CIP 数据核字（2020）第 089246 号

菌业人生：中国乡村菌业专家风采录（2019 版）

JUNYE RENSHENG：ZHONGGUO XIANGCUN JUNYE ZHUANJIA FENGCAILU（2019 BAN）

中国农业出版社出版

地址：北京市朝阳区麦子店街 18 号楼

邮编：100125

责任编辑：陈　瑨　　文字编辑：赵钰洁

责任校对：赵　硕

设计制作：王春成

印刷：北京通州皇家印刷厂

版次：2020 年 8 月第 1 版

印次：2020 年 8 月北京第 1 次

发行：新华书店北京发行所

开本：787mm × 1092mm　1/16

印张：13

字数：280 千字

定价：98.00 元

版权所有 · 侵权必究

凡购买本社图书，如有印装质量问题，我社负责调换。

服务电话：010-59195115　010-59194918

农业部原常务副部长　刘成果

编委会

顾　问：刘成果

主　任：李玉春

副主任：李　昊

主　编：谢永信

副主编：张　俊　陈　彦　张　健　刘　畅

编　者：（按姓氏笔画排序）

王平忠　王连用　王春杰　方春彪　叶　华　朱丽军

刘　畅　刘俊杰　刘喜杰　齐彩梦　邢春双　孙国政

李　昊　李玉春　李荣春　吴　登　张　健　张　娣

张志军　陈　彦　季占军　孟俊龙　贾桂波　康源春

曾晓萍　谢永信　廖培养　穆丽君　魏云辉

策　划：朱丽军　王春杰　穆丽君　齐彩梦

序

PREFACE

李玉春

中国乡镇企业协会食用菌产业分会会长

为深入贯彻落实《中共中央 国务院关于实施乡村振兴战略的意见》精神，破解乡村基层食用菌技术人员短缺和科技推广“最后一公里”的瓶颈，进一步激发生产一线技术人员开展科技创新和推广服务的积极性，构建基层科技支撑力量。中国乡镇企业协会食用菌产业分会在上级主管部门的指导下，2018 年 12 月开始在行业内开展乡村菌业专家的推选认定工作。经自主申报、推荐机构审核、评定委员会综合评定，最终确定了全国首批乡村菌业专家 258 名，并在网上进行了公示。

2019 年是新中国成立 70 周年，借此盛世为向行业和社会展示常年战斗在生产一线的乡村菌业专家们的特长和风采，使业界同仁对他们在科技推广和乡村振兴发展中，特别是在实施食用菌产业精准扶贫的攻坚工作中取得的成绩和贡献有更多的了解，在各主产区政府主管部门及菌业同仁的支持参与下，《菌业人生：中国乡村菌业专家风采录（2019 版）》一书经过近一年的筹划准备即将发行面世。本书以纪传体形式图文并茂地讲述了乡村菌业专家们的人物事迹，以此记录和见证他们为我国食用菌产业发展所做的努力和付出。通过对乡村菌业专家典型事迹材料的推广及对食用菌生产基础知识、最新技术成果等内容的普及，通过从菌种培育到栽培技术、从工厂化生产到产品深加工、从品牌营销到产业政策支持的专家人才和产业价值链角度，向行业和社会分享我国食用菌产业的发展奋斗历程和丰硕成果。

科学技术是第一生产力，而把科学技术成果转化为生产力的过程离不开广大科技人员。他们坚持理论与实践相结合，从实际情况出发，因地制宜、有的放矢地开展工作。纵观我国食用菌产业的发展，常年坚持工作在生产一线的乡村菌业专家们做出了巨大贡献。在祖国的大江南北，无论是青藏高原，还是黄土高坡；无论是酷暑炎热的江南，还是冰天雪地的北国；无论是山区的菇棚、菇农的寒舍，还是工厂化生产车间，都留下了他们辛劳的足迹。正是这些充满艰辛和磨难的经历，造就了千千万万个活跃在生产一线的乡村菌业专家，他们是带动农民致富的引路人。本书中收录的乡村菌业专家，有的是国家或各省份的科技带头人，有的是当地百姓认可的、产业发展不可或缺的技术人才。他们靠实战赢得了大家的认可和尊重，成为当地“最可爱的人”，而且在他们身上体现了食用菌行业的工匠精神。

我国食用菌产业有近 2 500 万从业者，常年工作在一线的科技人员约 4 000 人。该书选入的仅是其中的部分代表，以后还将编撰多部续集，以此展现在食用菌产业发展过程中做出贡献的广大乡村菌业专家们的风采。

2019 年 10 月于北京

目 录

02 专家技术文献

03 菌事服务指南

01 Mushroom Expert Demeanor

专家风采展示

CEFIC

李洪勋：开展黑木耳技术研发和推广践行基层科技工作者职责

◆ 专家档案

姓名：李洪勋

出生年月：1967.12

工作单位：黑龙江省通河县大兴食用菌农民种植专业合作社

技术专长：黑木耳、榆黄蘑、平菇、灵芝、猴头菇等食用菌的栽培

推荐单位：黑龙江省科学院微生物研究所

李洪勋，男，1967 年 12 月出生于山东济宁。1986 年 9 月至 1989 年 8 月就读于牡丹江林业技工学院，1989 年 10 月被分配到绥阳林业局道河林场主管多种经营。2005 年开始带动林区职工从事黑木耳生产。2005—2008 年，连续 3 年被林业局评为致富带头人。2014 年，创办鸿运之家食用菌农民种植专业合作社。2015 年 10 月至 2018 年 10 月，任哈尔滨市依兰县鑫旺食用菌种植专业合作社技术总监，年产三级黑木耳菌包 800 万袋。2019 年 2 月，加入中国乡镇企业协会食用菌产业分会。2019 年 11 月，任哈尔滨市通河县大兴食用菌农民种植专业合作社技术总监。

李洪勋从事黑木耳种植 30 多年，从选料到生产，每项工作都亲自动手，每天都与工人在一起

工作，积累了大量的实践经验。他对食用菌工厂化设计、净化施工等工作流程比较了解，尤其精于黑木耳、榆黄蘑、平菇、猴头菇等食用菌的生产管理技术。通过调研，李洪勋了解到地摆黑木耳受天气影响较大、连雨天爱流耳等问题严重影响黑木耳生产收益。于是他开始研究吊袋黑木耳，历经 10 年努力，他成功掌握了吊袋黑木耳生产管理技术，并在实际工作中加以广泛推广。随着全国食用菌工厂化生产模式的发展和推进，2015 年李洪勋应聘到哈尔滨市依兰县鑫旺食用菌种植专业合作社任技术总监，负责黑木耳菌包工厂化生产的技术指导和服务工作。同时，他主推大棚吊袋生产技术，全县黑木耳吊袋大棚规模达到 120 栋，合作社吊袋黑木耳生产规模达到 100 万包，占地 35 亩（亩为非法定计量单位，1 亩 ≈ 667 米^2，下同），年产干耳 55 吨，实现收入 344.3 万元，去掉成本后净经济效益达 114.3 万元。全县菌农产干耳总计达 350 吨，总收入在 2 170 万元左右，黑木耳生产实现增收 770 万元，助推了农民脱贫致富和乡村振兴工作。

李洪勋多年来从事以黑木耳为代表的食用菌生产技术管理工作。在工作中，他善于学习总结，乐于言传身教，不但帮助所在单位完成生产和创收任务，还影响和带动周边一批食用菌爱好者投身到技术研发中，认真践行着一名基层科技工作者的神圣职责。

吕福林：潜心研究
将黑木耳成功引种到井冈山下

◆专家档案

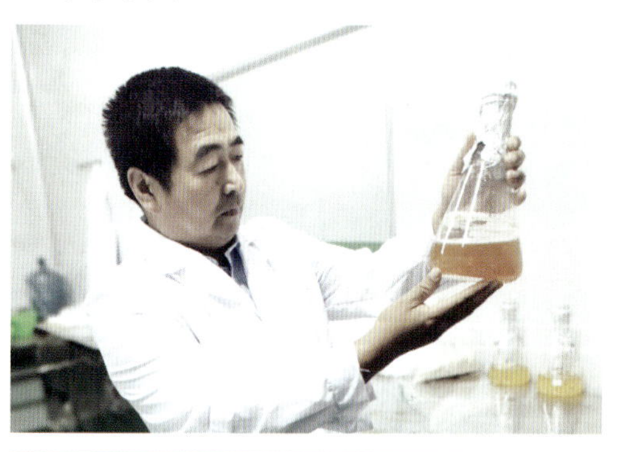

姓名：吕福林

出生年月：1966.11

工作单位：江西麓林现代农业有限公司

技术专长：黑木耳菌包生产及栽培，平菇、猴头菇、滑子菇等食用菌栽培种植

推荐单位：江西省食品工业协会食用菌专业分会

吕福林，男，1966 年出生于江苏省沛县，现任江西麓林现代农业有限公司常务副总经理兼技术总监，中国食用菌商务网专家顾问团成员。1985—1990 年，吕福林在黑龙江省海林市第三部落林场经营站从事食用菌技术服务工作。1990—1995 年，在黑龙江省东方红林业局工程公司担任食用菌协会会长。1996—2011 年，开始从事食用菌菌包生产工作。2011—2013 年，在湖南省怀化市溆浦县春和现代农业有限公司担任食用菌生产技术员。2013—2014 年，在湖北省枣阳市春丰现代农业有限公司担任技术总监。2015 年至今，在江西麓林现代农业有限公司担任技术总监。

2015 年，经朋友介绍，吕福林到江西麓林现代农业有限公司担任技术总监，在公司领导的支

持下，他在距离萍乡市区40千米的山区成立了实验基地，进行黑木耳种植实验。刚开始，由于受气温、空气湿度等自然条件影响，种出的黑木耳品质不佳，在市场上不受欢迎，卖不出而全部报废。吕福林并没有气馁，在经过无数次的失败和再实验后，终于种出和北方品质一样的黑木耳，并结合江西省独特的气候和自然条件，总结完成了一套南方冬木耳栽培管理技术，给当地农户发展黑木耳产业提供了系统全面的技术支撑和参考。如今，黑木耳已发展成江西省吉安市吉安县油田镇规模较大的主导产业，几千名村民自发参与，共种植黑木耳4 500亩以上，黑木耳产业产值达1.2亿元。

从事食用菌行业30余年，吕福林一直专注于食用菌新品种、新工艺、新技术的研发与产业化发展，全身心投入到黑木耳、平菇、榆黄蘑、猴头菇、滑子菇等食用菌菌种的定向培育、菌种制作，以及灵芝的盆景制作等食用菌技术研究与推广工作。在黑木耳生产方面，他改变了一成不变的固体接种，引用见效快、低风险、高回报、低成本的液体菌种，并推行黑木耳菌包工厂化规范生产管理，创造了室外大棚开放式套袋养菌技术。近两年，吕福林还潜心研究食用菌精深加工及市场策划、营销等工作，成功研发出猴头菇空心桃酥、黑木耳空心桃酥等食用菌精深加工产品，一上市就受到消费者的青睐，延长了当地食用菌产业链条，增加了产品附加值。

风风雨雨几十年，吕福林凭借食用菌种植专业技术和管理经验，不断对技术流程进行规范化升级，对企业管理进行精细化运作。在为企业提供技术服务的同时，也为各地探索总结出更加适宜当地气候的食用菌生产品种和生产模式，帮助当地贫困户通过发展食用菌产业增收致富。

张玉红：一生专注平菇半熟料栽培技术研发和推广

◆专家档案

姓名：张玉红

出生年月：1962.07

工作单位：山东省临朐县红心农产品专业合作社

技术专长：平菇、鸡腿菇等的半熟料无污染栽培技术，液体菌种接种半熟料工艺

推荐单位：临朐县农业局

张玉红，男，1962年7月出生，潍坊临朐人，任山东省临朐县红心农产品专业合作社理事长。他一生专注平菇半熟料栽培技术的研发和推广，发表有《平菇半熟料无污染开放式接种技术》《平菇发菌与气象的关系》《农村栽培平菇新思考》等技术文章。

经过多年的生产实践，张玉红在平菇菌种生产、大棚平菇液体半熟料接种技术工艺、平菇无黄菇病懒汉高产管理技术、平菇控制出菇技术、食用菌气象控制技术等方面积累了丰富的经验，创新了很多技术环节，合理利用技术控制规避了整个生产过程中的风险。他在1989年发现半熟料技术后，经历了数年的总结提升后开始在全国推广。临朐县委宣传部将这项技术拍成宣传片，在山东省党员远程教育网供每个村

的党员学习，此项技术还在中央电视台播出。考虑到原种能像栽培种一样批量地生产，他提出了“留原种、去栽培种”的改革，菇农直接拿原种替代栽培种大批量生产，发菌成功率、菇的质量和产量都有大幅提高。他改革平菇管理模式，采用了懒汉种菇的管理办法，充分运用气象参数变化来管理，首次提出发菌长菇与气压的关系和利用气象变化参数控制出菇技术，帮助菇农采用新的管理模式，从配料、原料处理，一直到出菇管理，实现了省工、省时、高效出菇，菇质韧性好耐运输，货架期长不裂边，而且工作量大大减少。在不用任何药物控制的情况下，完全杜绝了黄菇病的发生，真正实现了绿色无公害生产。他撰写的“平菇栽培新技术——懒汉种菇法”帖子在各大网站转载，无偿帮助了数以万计的食用菌生产者。

食用菌栽培必须经过灭菌、无菌接种，要求非常严格，尤其是液体菌种要有非常好的硬件设施，严格消毒，实行无菌操作才能成功。然而在广大的农村，菇农都是因陋就简地进行生产，难以进行无菌操作。针对农村环境差的现实情况，张玉红通过对技术的总结和完善，根据实际情况设计了一套在大棚就能做出优质液体菌种的技术方案，且没有污染；菌丝片段或菌球细小浓密，黏稠度高，挂壁能力强，接种萌发快，营养吸收能力强，实现了在有菌空间不用任何杀菌剂的半熟料液体菌种完全开放式接种。

张玉红现在主要从事平菇液体菌种生产及种植管理技术的培训工作。他注重普及液体菌种半熟料技术，学员遍及全国。由于在食用菌技术研发和推广方面的积极努力和不凡成就，他被评为临朐县最美科技工作者，还被中国食用菌商务网吸收为专家顾问团成员。

孙右松：
小蘑菇大产业　托起致富梦

◆ 专家档案

姓名：孙右松　出生年月：1989.01

工作单位：山东省济宁市金丰农惠农业科技有限公司

技术专长：黑皮鸡枞的生产和种植

推荐单位：金乡县农业局

孙右松受父辈影响接触到食用菌行业，大学毕业后回家从事食用菌产业，成立了山东省济宁市金丰农惠农业科技有限公司，进行珍稀菌类中黑皮鸡枞菌的生产技术研发，通过不懈努力，技术不断成熟和稳定。近年来，他不断加强技术创新，推广无公害标准化生产、工厂化生产、层架式立体栽培和工厂化废料再利用技术，抢占市场的制高点。他以“公司＋基地＋农户”的运作模式，有效推进食用菌一二三产业的有机融合，拓展了产业价值链，发展了新兴业态。他先后培训了几十名技术骨干人员，为食用菌行业注入了新的血液。通过他的努力，解决了当地大批农村闲置劳动力，转化利用了当地农林废弃物，生产出了绿色保健食品，为食用菌种植户带来了较好的经济效益，为当地农民带去了致富的新路子、新产业。

“小蘑菇，大产业”，这是孙右松挂在嘴边的口头禅。现实中，他也是靠着小蘑菇、大产业的情怀，实现了自己的创业价值，托起了当地和周边农民的致富梦。

刘德猛：为食用菌生产提供技术指导为脱贫攻坚工作勇立新功

◆ **专家档案**

姓名：刘德猛　出生年月：1963.01

工作单位：安徽省马鞍山市安康菌业有限公司

技术专长：食用菌菌种制作、工厂化栽培和基地设计规划

推荐单位：当涂县食用菌技术协会

刘德猛，1963年出生，安徽省宿州市萧县人，毕业于安徽大学生命科学学院食品工程专业食用菌方向，农艺师，现任职于安徽省马鞍山市安康菌业有限公司。

刘德猛从事食药用菌行业30多年，一直在食用菌生产一线做技术指导和服务工作，先后指导建立了香菇、杏鲍菇、黑木耳、金针菇、平菇等生产基地30多个，在液体菌种制作和工厂化设计、栽培方面有独特的理论和实践经验。

刘德猛现负责5家大型食用菌生产企业的技术指导，最大的项目是甘肃省张掖市日产6万包杏鲍菇工厂化栽培项目，克服大西北地区高干燥、高寒等极端气候条件，生产中将污染率控制在0.5%以下。他指导的马鞍山市安康菌业有限公司，采用“公司+合作社+农户”的产业化模式，实行“五统一”服务，生产加工的“金安康”牌（安徽省著名商标）食用菌调味罐头、蘑菇酱、菇类休闲食品饮料、蛹虫草含片等产品已进入苏果、大润发、欧尚、乐天玛特、家家福、华联等600多家大型连锁卖场和超市，此外还建立了50多个金安康专卖店，实行批发和直销，并在阿里巴巴和京东商城等网络平台销售，年销售产值达5 000多万元。他指导和参与的公司研究课题“保龄菇高效种植和加工一体化研究”，通过安徽省科技厅的成果鉴定，获得安徽省科技进步奖三等奖，获国家发明专利3个。

刘德猛通过连续多年实验总结出的香菇高产栽培新模式、新技术，现已在西北地区规模化推广，为当地脱贫攻坚工作做出了积极贡献。

祝嗣臣：
发展寒地灵芝产业　让人们像喝牛奶一样喝灵芝

◆ **专家档案**

姓名：祝嗣臣

出生年月：1976.05

工作单位：黑龙江坤健农业股份有限公司

技术专长：灵芝栽培技术和低温锁油破壁技术

推荐单位：富裕县农业局

祝嗣臣，男，汉族，1976 年 5 月出生，高级工程师，现任黑龙江坤健农业股份有限公司董事长，富裕县第十七届人大代表。

祝嗣臣在辽宁原本有自己的企业，干得风生水起。2016 年，他回乡探亲看到村里只有老人和孩子留守，再没有往日的热闹景象，回乡创业的念头就这样冒了出来。经过仔细的市场调研，他的目光投向了药食同源的灵芝。说干就干，他和他的创业团队从书本中学习灵芝种植技术，跑遍了全国和灵芝种植有关的地方，向山里的灵芝种植户取经学艺。功夫不负有心人，祝嗣臣掌握了培育、加工灵芝的技术。2017 年，黑龙江坤建农业股份有限公司成立，祝嗣臣成为齐齐哈尔市乃至黑龙江省在平原大规模种植灵芝的第一人。

祝嗣臣和他的团队在灵芝种植和加工生产中大胆进行科技创新，利用新技术突破行业壁垒，摸索出寒地芝椴培育新技术，这项新技术是采用原种培育，更加适合东北平原的气候。他又进行种植改良，推出了旋转种植技术，使灵芝形如如意，品质上乘，非常受消费者的喜欢。他们发明的低温气流破壁技术，在破壁过程中有效成分不流失、不氧化，灵芝孢子粉多糖含量极高。他们还研发出灵芝多糖萃取技术，在全国农民创业大赛中获得二等奖，填补了寒地灵芝萃取上的一项空白。他们的灵芝孢子粉经国家专业部门检测，三萜类和多糖的含量等各项指标都超过国家规定标准一倍多。

祝嗣臣认为，种植灵芝只卖原料不加工，只能取得一般效益，进行深加工不但能提高产品附加值、增加经济效益，还可以提高对市场的适应能力，将灵芝的产品优势转化为市场的经济优势。他与东北农业大学和北京协和医院共同研发深加工产品并组建实验室，2018 年投资 2 000 万元建设灵芝深加工生产线。公司研发出灵芝保健品、饮品、日化品、工艺品等四大系列产品。由于产品质量好，在市场上有较强的竞争力。

为了让农民都能参与食用菌种植和分红，祝嗣臣推出了“农户＋合作社＋基地＋公司＋订单”的模式。2018 年他用工量累计超过 5 000 人次，带动了 158 户贫困户增收。2019 年公司扩大产业项目，新增基地 6 个、大棚 298 栋、赤灵芝 100 万椴、野生灵芝 50 万椴，嫁接灵芝 5 万椴，占地 300 亩，成为全国最大的寒地灵芝棚栽基地。同时，他与芝农签订了回收订单，采取产业分红、务工增收和入股收益等方式带动贫困户增收。

祝嗣臣带领他的农民创新创业团队，在两年的时间里，收获了“中国富硒食品基地”“中国著名品牌”“中国诚信经营企业”“中国中药灵芝协会副主委单位”“有机食品基地”等称号和荣誉。祝嗣臣本人也在齐齐哈尔市创新创业大赛、全国农业农村创新创业大赛中获得优异成绩。

“要做就做最好的”，这是祝嗣臣做事的信条。祝嗣臣的目标是未来 5 到 10 年的时间里，真正实现让全国人民像喝牛奶一样喝灵芝。

锁现民：从事食用菌技术研究 40 年

◆专家档案

姓名：锁现民

出生年月：1949.11

工作单位：河南洛阳献民生物工程研究所

技术专长：食用菌工厂化液体菌种制作

推荐单位：洛阳市园艺工作站

锁现民，男，1949 年生，1969 年应征入伍，1971 年入党，1976 年复员在偃师县（现为偃师市）农科站工作，任办公室主任。现任河南洛阳献民生物工程研究所所长、河南省老科学家协会常务理事。

1981 年，在偃师县农业局和洛阳市科学技术委员会的支持下，锁现民率先成立了偃师县食用菌研究所，承担了“洛阳地区各种农作物秸秆生产平菇试验”的课题，具体材料有玉米芯、玉米秸、豆秸、麦秸、花生秸、花生壳、红薯秧、棉籽壳、棉秆、杂木屑、杂锯末等，从发菌到出菇有了全部的原始数据，受到县、市科学技术委员会等部门多次表彰。1995 年开始液体菌种的实验，1997 年在全国范围内最先把磁力搅拌器（电磁摇床）用于食用菌液体菌种生产，并在《食用菌》杂志上发表文章，详细介绍了电磁摇床的应用方法，为之后各地液体菌种的推广应用起到了参考作用。

2002—2006 年，锁现民在洛阳技术学院担任专职食用菌教师，4 年内培训了上千名液体菌种生产技术学员。同时，他在全国范围内推广液体菌种技术和设备，将液体菌种发酵罐销售至全国各地，还出口俄罗斯、美国、法国、吉尔吉斯斯坦、韩国等国家。

2003 年以来，锁现民坚持研究食用菌菌粉，将老百姓日常食用的五谷杂粮通过液体菌种转固体发酵，再烘干、粉碎，使其发生质的变化，由普通的以淀粉为主要成分的粮食转化为食用菌菌丝蛋白，经此华丽转身，使其价值翻了数十倍。2004 年，他开始建造食用菌多糖提取工厂，并于当年投入生产，实现日产灵芝多糖 50 千克，灵芝多糖萃取技术

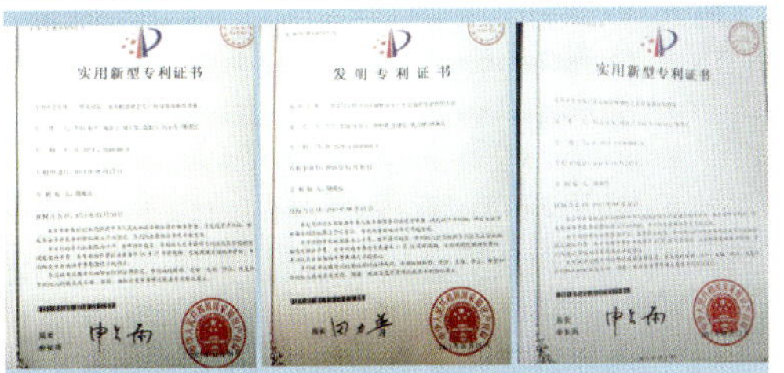
实用新型专利证书

发明专利证书

实用新型专利证书

从日本引进，但他经过消化改进，使灵芝多糖的提取率由过去的 12% 提高到如今的 35%。

2006—2008 年，锁现民与上海交大生物科技公司合作，共同开发食用菌生物杀菌杀虫剂，原料采用收过烟叶的烟秆，提取烟秆中的生物碱，用于食用菌中杂菌和虫害的防治。在十几年前，他已具备超前的环保意识并在生产中应用环保技术。

2009 年，他从台湾引进牛樟芝菌种，开始了牛樟芝的研究试验，与山西神农农产品有限公司及台商合作，成功生产出牛樟芝菌粉和牛樟芝茶叶。

2015 年，锁现民开始了液固耦联发酵罐的研究，菌罐由小到大，现有 600 升、1 000 升、2 000 升及 6 000 升的规格，并已投入生产，使培养周期从过去的十几天缩短为现在的 4 天。

锁现民及其团队潜心研究食用菌技术近 40 年，共获得国家发明专利 16 项。当前，他又着手开始 3 万升液固耦联发酵罐的研究，该项目研究成功后会大大节约生产成本，将成为食用菌产业一次具有里程碑意义的技术进步。

马明元：立志让小小食用菌成为秦巴山区扶贫大产业

◆专家档案

姓名：马明元

出生年月：1971.08

工作单位：陕西森盛菌业科技有限公司

技术专长：黑木耳、香菇、天麻、猪苓、茯苓等新品种的选育、研究、菌种制作、栽培指导、新技术推广与培训

推荐单位：勉县食用菌协会

在陕西省勉县及周边山区，种植户在菌业发展中遇到什么难题，都会不约而同地想到一位土专家，他就是陕西森盛菌业科技有限公司总经理、勉县永兴食用菌研究所所长、勉县食用菌协会会长、高级技师马明元。

1971年，马明元出生在勉县新街子镇欧家坡村。1995年秋天，一个偶然的机会，他得知种植黑木耳、香菇、天麻能挣钱，于是辗转来到四川绵阳食用菌研究所打工。他把打工看作学技术的好机会，如饥似渴地学习食药用菌的制种、栽培、选育等技术。1996年，25岁的马明元被四川一家菌种厂聘请为技术员。2008年，他返回家乡，加入到创业者行列，并在当年9月建成了永兴食用菌研究所，当年就生产菌种近250吨，马明元成为当地食用

菌种植户心中的“菌种大王”。

经过10多年的不懈努力，马明元的永兴食用菌研究所具备年产2 000吨菌种的生产能力，技术力量和生产规模居陕西前列，生产的菌种远销5个省20多个县。他创建的永兴菌业良种繁育专业合作社，流转土地160多亩，种植反季节香菇90余万袋，年产值达850余万元。同时，他倾注心血建立食用菌生产基地，引导种植户规模化、标准化生产，吸纳420人就近务工，让食用菌种植成为了当地的支柱产业。

在工作中，马明元非常注重科技研发和创新。他研制的猪苓菌种，窝产可达10～20斤（斤为非法定计量单位，1斤=0.5千克，下同），是野生产量的5～8倍。他指导农户采用“三鲜下种”进行天麻有性繁殖育种栽培，培育出天麻零代种后扩栽，窝产剑麻可达10余斤，是原来无性繁殖栽培产量的6倍以上。他研制的放置食用菌的菌种瓶装置和食用菌菌种装瓶机已被国家知识产权局授予国家实用新型专利；他自主研发的“食用菌菌种灭菌箱”等3项发明专利，现已在秦巴地区广泛应用；他选育的黑木耳新品种森盛1号通过陕西省农作物品种审定委员会审定，获得科技成果登记认证，被汉中市人民政府评为汉中市科学技术奖一等奖。

马明元扎根农村，始终心系群众，帮困扶贫。他的事迹也得到了社会各界的肯定。他先后被国家、省、市、县授予“全国就业创业优秀个人”“全国天麻生产先进个人”“全国食用菌产业精准扶贫新闻人物”“陕西省科技助力精准扶贫先进个人”“汉中市首批市级优秀农村实用人才”“汉中市创先争优党员致富带头人标兵”“勉县脱贫攻坚共产党员致富带富标兵”“勉县优秀共产党员”等荣誉称号，还获得了全国菌业工匠精神奖、勉县杰出人才贡献奖等奖项。

从初期免费提供食用菌生产技术指导，到后来无偿向困难户提供菌种并在山区贫瘠的土地上落地生根，马明元在食用菌产业扶贫的道路上走过了20余年的光阴。20多年风雨磨砺，他把小菌种做成了当地支柱大产业；20多年披荆斩棘，他带领万余名农户发展食药用菌种植，把他们带上了致富坦途。

荣誉证书
HONORARY CREDENTIAL
授予：马明元同志
创先争优勉县“首届十佳青年创业标兵”荣誉称号。
中共勉县县委
二〇一一年六月

蔡树威：深研液体菌种技术　助推产业高效发展

◆专家档案

姓名：蔡树威

出生年月：1986.01

工作单位：洛阳献民生物工程研究所

技术专长：杏鲍菇、香菇、黑木耳、蜜环菌、高原灵芝、羊肚菌的液体菌种制作

推荐单位：洛阳市园艺工作站

蔡树威，男，河南省鹤壁市人，2006年加入中国共产党，2007年毕业于河南科技大学，现任洛阳献民生物工程研究所技术总监、洛阳益菇食用菌服务中心总经理，兼任广西大匠生态农业发展有限公司技术顾问、中国食用菌商务网专家顾问团成员。

2007年，蔡树威毕业于河南科技大学林学院食用菌与蔬菜专业，主修《食用菌栽培学》《生物遗传学》《农业气象学》《土壤肥料学》《植物病虫害防治学》等。2008年，在湖南郴州三湘菌业有限公司从事技术服务工作，首次用液体发酵罐工厂化生产杏鲍菇，日产5 000袋；同期还在山西晋城柏基菌业有限公司发展香菇季节性生产，每年生产两季。2009年，在山西晋城柏基菌业有限公司开创首例规模化液体菌种

香菇菌包生产，并和丁志敏老师合作研发出香菇液体菌种优化配方和生产工艺。2011年，在陕西商洛食用菌研究所成功推广蜜环菌液体菌种栽培技术；在山东梁山珍稀食用菌公司、辽宁盛源食用菌公司、山东金乡金针菇公司、烟台华宇美川公司等单位提供技术服务。2012年，在西藏波密地区成功培养出高原灵芝液体菌种。2013年，在江苏省徐州市的沛县、丰县地区推广标准工厂化杏鲍菇液体菌种生产技术。2014年，成立了洛阳鹏述商贸有限公司，并参与河北稼蒲麟食用菌公司、江苏沛县亿莱食用菌公司、江苏丰县鑫丰食用菌专业合作社等单位的技术服务工作。2015年，在四川保兴食用菌公司，蔡树威在丁志敏老师的指导下成功生产出羊肚菌液体菌种，填补了羊肚菌液体菌种生产技术的空白。2018年至今，在绵阳谨信农业公司、云南云科农业公司推广食用菌液体菌种栽培技术。

从业10多年以来，蔡树威主要从事食用菌液体菌种的制作和技术推广、食用菌新品种液体菌种的研发、常规食用菌液体菌种的培养，品种包括杏鲍菇、金针菇、平菇、黑木耳、香菇、虫草、白灵菇等。近年来，他研发的新品种液体菌种包括姬松茸、黑皮鸡枞、羊肚菌等。为推动食用菌技术的普及，蔡树威编写完成了《食用菌液体菌种生产规范》《食用菌液体菌种制作问题及改进措施》《工厂化菌袋生产工艺流程》《工厂化菌袋生产厂区布局与设计》《蛹虫草栽培菌种制作及鉴定》等食用菌培训书籍，在洛阳献民生物研究所常年开设食用菌技术培训班，累计培训学员100余人，现有很多学员分布在全国各地食用菌工厂做技术厂长或自己开设公司。

从2007年毕业至今，蔡树威累计为70多家食用菌公司和合作社提供过技术服务，取得了“一种食用菌生态发酵罐及方法”“子母式食用菌液体菌种培养罐”“一种金耳液体菌种的制作方法”等发明专利。他立志通过深入研究液体菌种技术，助推产业高效发展。

于虎元：用过硬技术带领乡亲踏上致富征途

◆ **专家档案**

姓名：于虎元

出生年月：1966.12

工作单位：辽宁省朝阳市鑫源农副产品开发有限公司

技术专长：食用菌菌种选育、研发与栽培，绿色标准化生产技术制定

推荐单位：辽宁省食用菌协会

于虎元，辽宁省朝阳市朝阳县大庙镇人，朝阳鑫源农副产品开发有限公司和朝阳富民食用菌专业合作社负责人，高级农艺师，朝阳市农民专业合作社联合会副会长，朝阳市农业技术协会会长。

在接触食用菌产业前，于虎元曾外出打工，开过碎石场且挖到了人生的第一桶金。2002 年，朝阳县推广高效农业项目，在大庙镇搞食用菌栽培。面对这个新兴产业，当地农民一般不敢去尝试，但眼光独到、敢想敢干的于虎元认定食用菌产业是一个朝阳产业，有广阔的发展前景，于是率先承包了土地建大棚，开始了食用菌生产。

万事开头难，创业初期因为不懂技术和市场，两年下来，于虎元赔了 40 多万元。但于虎元有一股不服输的劲头，他认真总结经验、查技术资料、找失败原因，边生产边研究。通过刻苦钻研，他基本上掌握了食用菌种植的整个操作规程。后经人介绍，他又与沈阳农业大学和辽宁省微生物科学研究院建立了经常性的联系。有了专家的指点，他终于攻克了食用菌生产的一道道难题。2011—2012 年，于虎元研发的食用菌培养基专用增效剂、食用菌防污染剂先后获得国家专利；食用菌培养基专用增效剂获得三农科技服务金桥奖。2014 年，于虎元研发的双孢菇液体菌种制作实用技术填补了国内技术空白。他注册的“古果”牌平菇，是朝阳市唯一的 2008 年北京奥运会特供产品。

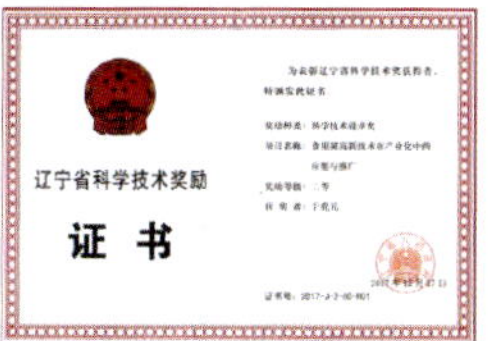

于虎元的公司和合作社占地约 15 000 米^2，建筑面积约 5 500 米^2，储存能力达 1 000 吨的保鲜库、2 000 米^{2}的生产车间、200 米^{2}的接菌室、100 米^{2}的化验室、1 500 米^{2}的养菌室，拥有年生产能力 10 000 吨的鲜菇盐渍设施。公司通过“龙头企业 + 合作社 + 基地 + 农户”的模式，为乡村振兴战略和农民脱贫增收致富提供了强有力的技术支撑。多年来，他累计带动农户 2 000 多户，带动贫困户 198 户。2019 年，他整合扶贫资金带动建档立卡残疾人贫困户 109 户，每户年分红收入 1 700 元；其中重度残疾人 5 户，每人年分红收入 6 000 元。

于虎元从一个门外汉发展成远近闻名的“蘑菇大王”，其中经历了多少艰难困苦、受了多少累，只有他自己清楚。付出总有回报，这些年他获得了多项荣誉。2009 年他被评为全县唯一一个农村实用技术专业人才，被破格评定为高级农艺师；先后被评为朝阳市劳动模范、辽宁省劳动模范、辽宁省优秀农民工、辽宁省科技带头人、全国科普先进个人、全国乡土人才先进个人。2017 年他当选为党的十九大代表。

罗仁炳：
立足菌菇技术推广　做好农村示范人才

◆ 专家档案

姓名：罗仁炳　出生年月：1965.01

工作单位：四川省宣汉县天丰菌业有限公司

技术专长：平菇、金针菇、黑木耳、香菇等食用菌的制种及栽培技术

推荐单位：宣汉县农业局

罗仁炳，1965 年出生，四川省宣汉县人，1985 年开始学习食用菌菌种生产技术，擅长平菇、金针菇、黑木耳、香菇、银耳等食用菌制种，对规模化食用菌栽培和生产有较深的研究和丰富的实践操作经验。2008 年成立四川省宣汉县天丰菌业有限公司，将菌种及技术推广到川渝两地的 20 多个市（县）。公司在县内外建有原生态椴木黑木耳、香菇栽培基地，同时实施“公司 + 专业合作社 + 农户”模式，统一制作菌棒，统一技术指导，统一产品回收，分户出菇管理，建立起高品质黑木耳香菇生产基地。公司商标“鑫天丰”为达州市知名商标，拥有专利 5 项，是达州市农业产业化龙头企业。

罗仁炳 2008 年荣获“达州市优秀农村人才示范岗”称号。2010 年他参与的“双膜超长菌袋黑木耳栽培技术研究与应用”获得达州市科技进步奖二等奖；他研发的香菇菌种天丰 8 号 2016 年通过四川省农作物品种审定委员会审定，获 3 项实用新型专利授权。

董春荣：
多年服务经验练就黑木耳吊带栽培真功夫

◆专家档案

姓名：董春荣　出生年月：1967.05

工作单位：哈尔滨市庆安县庆军食用菌合作社

技术专长：黑木耳、榆黄蘑、平菇、灵芝、猴头菇等的栽培，黑木耳吊袋大棚生产管理技术

推荐单位：牡丹江市食用菌协会

董春荣，女，1967年5月出生于黑龙江省东宁县。2004年创办鸿运之家食用菌农民种植专业合作社，任常务理事。2011年，开始研究黑木耳大棚吊袋栽培管理技术。2014年，任宝清597农场技术顾问。2015年10月至2017年10月，在哈尔滨市依兰县鑫旺菌业合作社任技术总监，主推黑木耳大棚吊袋生产技术。2017年11月至2019年，兼任黑龙江省大兴安岭地区松岭区菌包厂和吉林省汪清县春华黑木耳种植专业合作社技术顾问，为菌农提供生产技术和售后等服务。2018年11月起，任哈尔滨市庆安县庆军食用菌合作社技术总监，指导合作社年生产黑木耳菌包300多万袋。

从事食用菌行业20多年来，董春荣在黑木耳、榆黄蘑、平菇、猴头菇等食用菌的技术指导、生产管理和基地建设等方面总结和积累了大量的实践经验，尤其是在黑木耳吊袋大棚生产管理上，历经多年努力，成熟掌握了技术并具有丰富的推广经验。

石代勇：
勤奋拼搏勇担当　无私奉献为菌农

◆ **专家档案**

姓名：石代勇

出生年月：1956.05

工作单位：成都天绿菌业有限公司

技术专长：黑木耳、姬菇、羊肚菌等的菌种研发、制作及栽培

推荐单位：金堂县食用菌产业联合会

石代勇，男，1956 年 5 月出生，四川省金堂县人，成都天绿菌业有限公司董事长，金堂县食用菌产业联合会副理事长。

20 世纪 80 年代石代勇开始从事食用菌生产，有着近 40 年食用菌种植经验，在菌种生产和珍稀食用菌菌种驯化、研发、制作，食用菌种植管理、出菇管理及食用菌营销等方面积累了丰富的技术和经验，特别是在羊肚菌的生产管理上有着丰富的实践经验。

刚开始时从事的是黑木耳种植，2000 年年底转入姬菇、海鲜菇生产，2012 年从事羊肚菌种植试验，2013 年开始羊肚菌大田栽培，获得“金堂羊肚菌第一人”的美誉。2018 年，石代勇带领家乡赵家镇发展成为全国最大的羊肚菌集散镇，由他组织成立的成都天绿菌业有限公司，主要开发有

羊肚菌、姬菇、榆黄菇、黑木耳、海鲜菇等食用菌品种，注册了“天绿”“天绿八宝”“金鑫”等品牌商标，产品销至北京、上海、广州、重庆、成都等各大城市，并销往美国、德国、俄罗斯等国家，年销售额达 6 300 万元。

在石代勇的带领下，公司组成了专家团队，重点对大田羊肚菌菌种驯化、培育、种植、生产、田间管理等各方面进行深入研究，于 2012 年率先在大田种植栽培项目上取得成功，2013 年进行了 400 余亩规模化种植，并于 2016—2018 年在土地重复栽培中取得了高产、高效、高品质的重大突破。通过专家团队不断改善菌种和种植技术，现羊肚菌亩均产量稳定在 300 ~ 600 斤，其中个别产量能达 1 000 斤。

石代勇的辛勤付出和积极探索也得到了业界和相关部门的认可。多年来，他的公司先后被评为成都市重点龙头企业、国家高新技术企业、国家星火计划完成单位，并获成都市著名商标、首届中国成都国际农业博览会银奖、成都市科学技术进步奖三等奖、四川省科学技术进步奖三等奖等荣誉奖项。石代勇还先后获得“创业之星”“成都市科技局食用菌专家创新特派员”“成都市劳动模范”“四川省劳动模范”等荣誉称号。

石代勇认为，自己的事业做大做强固然重要，能为菇友们排忧解难才算是真正的成功。石代勇每年都要组织开展 4 次以上的技术培训会，共组织培训了 1 300 余人次。当种植户在种植过程中遇到困难时实地进行技术指导，省外种植户则进行视频指导。石代勇在技术培训方面投入了大量精力和时间，虽然很辛苦，但是看到种植户遇到的困难被一一解决，他心里倍感欣慰。

这就是石代勇，一个致富不忘家乡人的平凡乡村菌业专家，为了带领菇农们走得更远，他一直在脚踏实地不懈奋斗着。

周晴晴：乡村振兴女闯客　珍稀菌类土专家

◆专家档案

姓名：周晴晴

出生年月：1990.03

工作单位：山东金太阳农业发展有限公司

技术专长：羊肚菌、黄色金针菇、羊肚耳的标准化高产轮作栽培技术，食用菌良种驯化培育技术，食用菌培训服务

推荐单位：金乡县农业农村局

周晴晴，1990 年出生于山东省金乡县化雨镇吴海村，受父亲的影响，她于 2014 年放弃在北京令人羡慕的工作，回到家乡开始发展食用菌产业。回乡当年，受市场上白色金针菇低价涌入的影响，黄色金针菇效益一路下滑。面对严峻的市场形势，周晴晴决定着手开发榆耳、羊肚耳、羊肚菌、猴脑菇等珍稀食用菌，于是她成立了山东金太阳农业发展有限公司。经过两年多的反复试验，最后确定了几个关键菌菇品种投入研发生产，并成功上市，取得了非常可观的经济效益。为进一步提升产品在市场中的竞争力和美誉度，周晴晴注册了“鲁菌仙子”“金阳肚”“周不修”“金大亿”等品牌商标，摸索出订单农业、农超对接、淘宝电商、平台直播等多种营销模式。

通过不断学习和实践，短短五六年时间，周晴晴不仅爱上了食用菌，还成为化雨镇乃至金乡县食用菌产业的行家里手和乡土专家。她先后获得了3项国家专利，取得了高级菌类园艺师证书和山东省菌种生产技术人员资格证书，被评为山东省榜样人物、济宁市劳动模范、济宁市第五届青年创业先锋、金乡县五四追梦青年等，那一个个闪亮的奖杯和鲜红的证书，辉映着她奋斗的足迹和青春的脸庞。

“一人富不叫富，大家富才算真正富”，珍稀食用菌种植技术学到手并掘到第一桶金的周晴晴开始考虑怎么才能带领乡邻一起致富。2017年，创建了“3+3+3+1”珍稀食用菌基地种植技术扶持创业计划，重点扶持农民、大学生、返乡农民工、贫困户、退伍军人。没资金的，她帮忙解决资金；没人的，她帮忙找人；没技术的，她统一做技术培训。在她的创业扶持基地，不但不收学员学费，实验田管理出效益还可以获得30%的利润分成。她为学员种植珍稀菌类提供平台，让更多的人以最低的成本进入珍稀食用菌种植推广中来。截至目前，她和她的团队已创建珍稀食用菌技术扶持基地12个，基地面积达1 200余亩，累计培养食用菌专业技术人才1 000余人，帮扶建档立卡贫困人口44人、大学生创业者18人。

在农村闯荡久了，周晴晴愈发感觉到农村天地广阔、农业大有可为，她坚信自己选择的食用菌创业道路没有错。谈及未来的规划，周晴晴已有了新的转型升级梦：首先要借助建设金乡珍稀食用菌良种基因培育库和食用菌良种基因检测中心，对厂区进行提档升级，打造全国最大最全的食用菌良种基因库，把母种销售到全国各地，实现经济效益最大化；其次，要在学员培训的基础上打造一所食用菌技术学校，从做农业转型到农业教育。目前，她和她的讲师团队正在把所有食用菌品类的种植技术形成完整的文字版本，完成后将手把手教会学员们怎么种、怎么讲，让他们从学员变为技术员，甚至能像食用菌专家一样站在讲台上讲课，传播食用菌技术。

凭着执着、乐观、向上的生活态度，以及敢想、敢闯、敢干的精神，怀着逐梦奔跑的强烈愿景，周晴晴奔跑在干一番大事业助力乡村振兴的追梦之路上，脚步愈发坚实而有力。

利金站：历经百战终成家

◆ 专家档案

姓名：利金站

出生年月：1970.04

工作单位：河南省虞城县金隆菇业有限公司

技术专长：食用菌液体菌种制作，大球盖菇栽培，大型灵芝盆景活体嫁接制作技术

推荐单位：虞城县食用菌协会

利金站出生在河南省虞城县的一个小乡村，他怀着坚定的信念，几十年如一日，潜心钻研食用菌栽培技术。经历了无数次的创业失败后，他凭借着越挫越勇的意志，在大球盖菇栽培、灵芝盆景嫁接等方面多有建树，终成为大家所熟悉和认可的专家。

1993 年，利金站放弃了很多人都梦寐以求的工作，返回家乡开始自己的创业梦。其间，他干过建筑，加工过洗衣粉，后来偶然间听到了周口市蔬菜研究所正在开办食用菌学习班，感觉这是一个不错的创业项目，就毅然报名参加了学习培训，从此开始了他的食用菌创业之路。

选择进入食用菌行业后，利金站所走的道路并不平坦。1994 年春，他建起了 2 个大棚，计划投入 2 万斤原料，分 4 次进行平菇生产。因为缺乏经验，第一次种植了 5 000 斤原料，污染率超过 60%，经分析主要是灭菌不彻底和接菌种空间不洁净所造成的。这次失败让他产生了进一步学习深造的想法，于是他又远赴河北保定参加食用菌学习班，之后还在河南省星火人才培训基地、河南省科学院生物研究所、中国林业科学院真菌研究室等多家食药用菌科研机构学习深造，最终获得国家劳动和社会保障部颁发的菌类园艺工技师证书。

通过不断地学习和实践，利金站熟练掌握了多种食用菌的生产技术，2002 年回乡成立了虞城县金隆菇业种植推广基地。考虑到家乡是粮食主产区，有丰富的农作物秸秆资源，如果能把这些资源充分利用好，既能实现生产创收，又可解决资源浪费问题。于是他开始研究利用农作物秸秆在林下露天种植大球盖菇技术。实验栽培获得成功后，他在全国大力推广大球盖菇栽培技术和生产模式，成为这一领域不可或缺的重要人物。如今，他拥有了大球盖菇菌种液体制作与应用技术独家专利，已在全国推广大球盖菇种植面积 6 000 余亩，各省份共有合作单位 50 余家，其中百亩以上规模的合作单位就有 14 家。

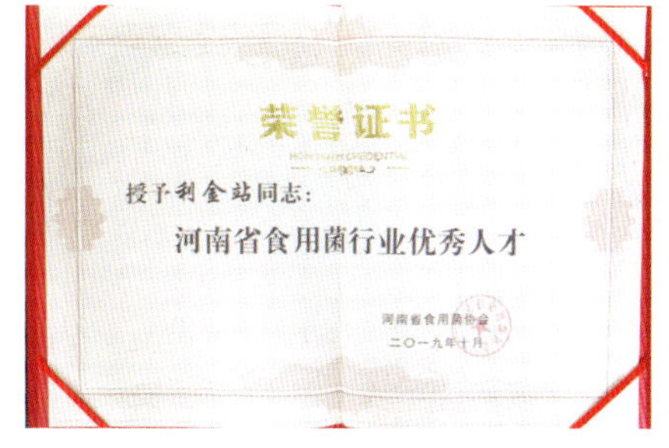
荣誉证书

授予利金站同志：

河南省食用菌行业优秀人才

河南省食用菌协会

二〇一九年十月

利金站在做好大球盖菇等食用菌技术合作推广的同时，也非常乐意将自己的技术无私分享给有需求的农民朋友。自基地成立以来，他在全市共举办各类技术培训班、现场培训会 60 余次，培训农民近 6 300 人次，发放技术资料 18 000 余份。2017 年，他还实施了"金隆菇业 N+1"的扶贫模式，带动周边贫困户、农民种植食用菌。目前，他已带动当地 300 多名种植户，引导 238 户贫困户加入合作社，为 1 800 多人提供就业岗位，其中免费向虞城县辖区内贫困户提供可种植 380 亩的食用菌菌种。

利金站在食用菌栽培技术上的精益求精、在食用菌产业扶贫上的无私奉献获得了社会各界的充分认可。他和他的公司先后获得了"虞城县十大能手""商丘市第五届人大代表"和"脱贫攻坚爱心企业""服务三农先进示范合作社"等荣誉称号，他还被推荐担任了虞城县食用菌协会会长。

历经坎坷，利金站将在食用菌创业路上越走越顺；面对未来，他还要在乡村振兴和食用菌产业扶贫中大干一场。

王双祥：创新菇蔬生态种植产业链　带动菇农增收

◆ 专家档案

姓名：王双祥

出生年月：1972.01

工作单位：云南省保山市隆阳区金菇郎食用菌种植专业合作社

技术专长：香菇、平菇、灵芝、双孢菇等食用菌的栽培

推荐单位：保山市隆阳区供销合作社联合社

王双祥，1972 年出生于云南省保山市隆阳区，西南大学园艺技术专业毕业。

2011 年，王双祥创建金菇郎食用菌种植专业合作社，发展社员 112 户，注册资金 160.9 万元，种植园面积 100 亩，常年轮换种植香菇、姬菇、灵芝、黑木耳、凤尾菇、平菇、鸡腿菇、猴头菇、白参等 100 万棒，年产量 75 万千克，销售产值 500 多万元。2014 年，合作社完成隆阳区 30 亩反季节示范基地建设项目，为隆阳区食用菌种植起到了示范和带动的作用，为隆阳区食用菌反季节种植提供了科学的数据。合作社为使食用菌废料得到合理利用，分别规划了果桑种植区、葡萄种植区，一方面进行菇果生态种植，另一方面将食用菌废料进行发酵处理制成果树所需的有机肥。

依托合作社的种植基地，2016年，王双祥组建了云南林溪农业开发有限公司，主要针对食用菌产品进行深层开发，包括食用菌观光旅游开发、果蔬花卉与食用菌的交叉立体生态种植等。他创建的瓜果菇花生态闯关迷宫，既可以增加种植品种、改善种植环境，又可以开发观光旅游、休闲采摘。他进行的灵芝产品开发和加工、香菇脆片加工，获得国家食品生产许可认证。食用菌加工项目的开发，解决了菇农的后顾之忧，推动了食用菌产业化的发展，并迈出了坚实的一步。

目前，王双祥按照“公司 + 合作社 + 农户 + 基地 + 市场”的农业产业化经营模式，通过资源、信息整合，采取统一品种、统一采购原材料、统一制作菌棒、统一技术流程、统一收购、统一销售的管理方式，充分发挥社员的积极性和责任感。他注重对食用菌科技的开发，加强对社员及农户在人工食用菌种植技术方面的培训，形成了合作社与社员、农户双赢的合作局面，共带动当地100多户社员在食用菌产业获得收益。

2013年4月，王双祥获得第二届保山市青年创业市长奖提名奖，他的合作社先后被评为隆阳区示范社、保山市示范社、云南省示范社、云南省农业科学院食用菌工程中心示范基地等。

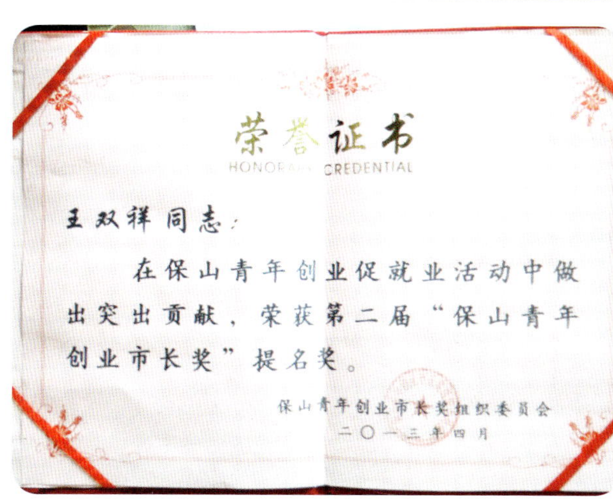
荣誉证书

HONORARY CREDENTIAL

王双祥同志：

在保山青年创业促就业活动中做出突出贡献，荣获第二届“保山青年创业市长奖”提名奖。

保山青年创业市长奖组织委员会

二〇一三年四月

刘从甫：创新羊肚菌高产栽培模式 打造川东北全产业链型企业

◆专家档案

姓名：刘从甫　出生年月：1965.10

工作单位：四川省巴中市富康菌业有限公司

技术专长：双孢菇、虫草花、羊肚菌等食用菌的制种和栽培

推荐单位：南江县教育科技体育局

刘从甫，男，生于1965年10月，中专文化，中共党员，南江宏信生物科技有限公司、巴中市富康菌业有限公司技术总监。

刘从甫擅长食用菌母种、原种、栽培种制作及液体菌种培育，双孢菇、北虫草、羊肚菌等食用菌室内外规模化栽培及技术指导。2001—2011年，在巴中市推广室外大田食用菌栽培，累计带动50余个乡镇从事食用菌栽培，基地面积达1万余亩。2012年，他开始探索羊肚菌仿野生栽培技术。2016年，开始对外推广，在南江县内以点带面，辐射到巴中市及四川东北部的多个发展基地，现常年基地规模达2 000亩，成为四川东北部羊肚菌全产业链经营企业。

从业以来，刘从甫编写了《稻田蘑菇栽培技术》《蘑菇简易棚栽培高产技术》《羊肚菌仿生栽培技术》《羊肚菌营养富集栽培技术》等多篇实用技术文章。2014年，他创办的南江宏信生物科技有限公司拥有发明专利2项、实用新型专利13项、外观专利3项，有“巴山宏信”“菌佬爷”“林之新”3个商标。公司2017年被四川省科技厅认定为国家高新技术企业，被农业部认定为全国农村创业创新基地，2018年被认定为农业产业化省级重点龙头企业。刘从甫也获得了“巴中市食用菌行业科技特派员”“食用菌生产加工农技师”等荣誉称号。

孙康：
历经艰辛初心在　扎根菌业最基层

◆ **专家档案**

姓名：孙康　出生年月：1962.12

工作单位：山西省交口县韦禾农业发展有限公司

技术专长：香菇、黑木耳、双孢菇等食用菌的菌种制作及生产技术

推荐单位：辽宁省食用菌协会

孙康2004年和几位亲友注册了建平绿有菌业有限公司，在食用菌工厂化管理和技术融合方面进行了探索、总结，形成了自己的管理风格、技术方法。之后，他受聘为辽宁盘锦鼎泰农业开发有限公司总经理，采用液体菌种技术进行双孢菇的麦粒生产，成功创建了东北当时最大的双孢菇基地，并将菌棒出口到英国、韩国等国家。2010年被辽宁省鞍山市岫岩满族自治县政府聘请为专家组成员，2011年又在辽宁省葫芦岛市建昌县协助创办香菇基地，并获得成功。2012年受聘到辽宁三友农业生物科技有限公司（以下简称三友公司）任副总经理，负责生产和技术工作，探索和总结了食用菌工厂的设计、生产标准、管理流程及现代化的管理理论和实践经验。2016年他再次回到三友公司，并担任销售副总经理，帮助公司建立销售网络和分销代理制。此后，他又到贵州安庆菌业科技有限公司任生产和技术副总经理。2017年任职河北阜平嘉鑫种植有限公司副总经理，主要负责液体菌种生产。孙康现为山西韦禾农业发展有限公司总工程师，负责香菇工厂化生产的技术支持和管理。

孙康20多年扎根基层，战斗在食用菌生产第一线。虽然很辛苦，但是也享受着从业的无限乐趣。

闵宪领：发展洞栽猴头菇　助力脱贫致富

◆ **专家档案**

姓名：闵宪领　出生年月：1952.01

工作单位：山东省青州市大山猴头菇专业合作社

技术专长：猴头菇实体分离菌种及栽培

推荐单位：青州市蔬菜协会

闵宪领，1952年出生，山东省青州市人，高中毕业，1978年开始从事食用菌种植，主要生产品种包括黑木耳、香菇、平菇、猴头菇等。2009年以后，他看好猴头菇的市场前景，将主要栽培品种定位在猴头菇上，并成立了青州市大山猴头菇专业合作社，主要以洞栽猴头菇为主，产品供应到山东周边及北京大钟寺、新发地等批发市场。他还常年生产猴头菇等食用菌菌包，并提供给合作社成员使用，帮助他们发展食用菌种植。他开创的山洞栽培猴头菇模式，依托自然优势，出产的猴头菇质量好，在业界打响了知名度，曾被中央电视台军事·农业频道《科技苑》栏目宣传报道。

闵宪领带领的青州市大山猴头菇专业合作社是山东省食用菌协会理事单位。闵宪领2013—2017年连续4年获得“山东省食用菌行业先进个人”等荣誉称号。

宋迪丽：
食用菌行业的一支铿锵玫瑰

◆ **专家档案**

姓名：宋迪丽　出生年月：1978.05

工作单位：牡丹江黑丰菌业有限公司

技术专长：黑木耳二级菌种制作，食用菌工厂化生产及技术服务

推荐单位：海林市食用菌协会

宋迪丽，女，1978 年 5 月出生，农艺师。她从 2005 年开始从事黑木耳生产，一干就是 10 多年，其间不断摸索种植技术，研发菌种。经过多年实践，宋迪丽在 2012 年研发出稳定、高产的黑丰系列菌种，并成立牡丹江黑丰菌业有限公司，目前年生产黑木耳菌包 150 万袋，完成了由种植黑木耳到提供黑木耳菌种的转型。

在售后服务上，宋迪丽经常通过电话为菌农解决问题，电话里解释不清楚的直接到菌农家为其答疑解惑，在当地菌农中拥有良好的口碑。目前，黑丰菌种销售量在当地市场占有率较高，销售网络遍布东北三省及内蒙古等黑木耳主产区。

宋迪丽深知优质菌种对菌农收益的重要性，作为菌种的生产者，她也深知自己肩负着菌农的希望。在这种使命感的感召下，宋迪丽和她的公司在制种方面投入了更高效、更严格的育种机制，全程跟踪技术指导，最大程度确保种植户生产成功率。一直以来，她就是秉承着“菌农利益至上”的发展理念，用优质菌种赢得了菌农的信任，被誉为“食用菌行业的一支铿锵玫瑰”。

骆茂全：将黄色金针菇产业做到极致

◆ 专家档案

姓名：骆茂全

出生年月：1971.08

工作单位：四川成都骆峰菌业有限公司、四川蓬溪骆峰菌业有限公司

技术专长：香菇、猴头菇、金针菇的栽培，尤其是黄色金针菇工厂化种植

推荐单位：大邑县食用菌协会

骆茂全，男，四川省成都市温江区人，四川成都骆峰菌业有限公司、四川蓬溪骆峰菌业有限公司董事长。他从事食用菌行业30余年，擅长黄色金针菇、猴头菇、香菇、平菇、滑子菇的种植、种源开发及原种生产，同时在工厂化生产、出菇管理、推广营销等方面颇有建树。

30多年来，骆茂全一路走来，每一步都充满了曲折和传奇色彩。从最初的家庭式、自留地生产，到2002年四川省阿坝藏族羌族自治州松潘县、红原县5个反季节种植基地（共400余亩）先后建成投产，并于2011年注册成立四川成都骆峰菌业有限公司。2014年，经过多次试验，历时一年，与四川省农业科学院专家合作，成功打破了黄色金针菇只能顺季传统种植这一限制，摆脱了

自然环境对传统种植的束缚，在占地52亩的全国首家黄色金针菇工厂化种植基地内，建成了周年化出菇车间80间，日产黄色金针菇15吨，年产量达5 000余吨。2019年，在四川省遂宁市蓬溪县注册成立四川蓬溪骆峰菌业有限公司，并在遂宁市蓬溪县天福镇国家农业示范园区投资建设了工厂化黄色金针菇种植基地，占地面积200亩。公司现有注册商标“骆菌子”，已成为四川省食用菌市场公认的知名品牌。公司现已成为国内金针菇深加工企业金大洲公司的战略供货商，是海底捞火锅的金针菇供货商；成都伊藤洋华堂、盒马鲜生、成都永辉超市等大型超市均在该公司采购。凭借着优良的品质、稳定的货源、公众认可的品牌，每千克售价虽然高于市场价格1～2元，但仍供不应求。目前公司生产的黄色金针菇已销往北京、上海、广州、哈尔滨、西安、重庆等众多城市，引领四川省特色菌类——黄色金针菇走向全国。

成都骆峰菌业有限公司前身为温江县食用菌家庭技术学校和万春镇农村党员实用技术培训基地，先后培养出省内外食用菌专业技术人才1 000人左右，带动成都市温江区、郫都区及崇州市等地的家庭式农场近200户，带动阿坝种植基地周边合作社近20户，并每年为他们提供优质菌种150万瓶，为周边少数民族农户提供近500人的就业岗位。公司在大邑县的工厂为周边农户提供100余人就业岗位的同时，还与大邑高井种植专业合作社一起带动、指导合作社农户进行食用菌的种植。

成功是由数不尽的汗水和心血浇灌而成的，都是通过不懈地努力换来的。骆茂全表示，既然从事食用菌这一行业，就要把这份事业发扬光大，不忘初心，砥砺前行，誓要终身为之而努力奋斗，这既是一个企业家的责任，也是一名菌业人的光荣使命。

朱小光：一辈子就做一件事 把青春年华都献给食用菌事业

专家档案

姓名：朱小光

出生年月：1968.04

工作单位：贵州省贵福菌业发展有限公司

技术专长：食药用菌栽培技术及推广

推荐单位：玉屏侗族自治县农牧科技局

朱小光，1992 年 7 月从福建农学院园艺专业本科毕业后，一直从事食用菌育种、栽培及技术推广等工作。在负责福建省邵武市沿山镇食用菌推广任务期间成立了沿山菌种厂，建立了沿山食用菌栽培示范基地，坚持优良菌种供应、技术指导、产品回收一条龙服务。每年生产、供应各类菌袋约 150 万袋，培训带动人员约 120 人次，累计指导帮助农户约 1 500 户，年实际销售额 780 多万元。他在工作中热爱学习和钻研，充分利用当地农业废弃物稻草等秸秆发展各类食用菌生产，被当地新闻媒体称为“点草成金”新技术，实现变废为宝。他先后建成了草菇栽培示范基地、简易发酵料大田竹荪生产基地、露天稻草栽培大球盖菇基地。为了快速推广普及农产品废弃物再利用

技术，他先后编写了《草菇袋栽技术》《稻草种双孢菇》《一稻一菇》等技术手册，累计培训学员12 000余人次。他扎实工作，认真学习新技术、新工艺，钻研工厂化生产技术，先后为当地企业编制了《草菇工厂化生产工艺流程》《香菇菌棒工厂化生产技术流程》《杏鲍菇工厂化生产技术标准》《茶树菇工厂化生产技术标准》，以及多项企业产品的生产标准。

朱小光1996年被福建省科学技术委员会评为青年星火带头人，2002年被南平市委、市政府评为科技示范户，2003年被邵武市组织部评为优秀党员科技示范户和第二届邵武市十大杰出青年，2005年被邵武市组织部评为邵武市学习型干部。

2017年，朱小光响应国家号召，应聘贵州省梵天菌业有限公司技术总监的职位，积极投入西部地区产业精准扶贫工作中。他为企业规范了菌种生产，制订了《梵天菌业香菇菌棒工厂化生产标准工艺流程》。2019年，加入贵州省贵福菌业发展有限公司，开始了茶树菇工厂化栽培技术的研究推广，为公司完善了液体菌种和工厂化生产标准体系建设，制订并完善了茶树菇食品加工工艺流程。

朱小光扎根食用菌生产一线，注重理论与实践相结合，专业水平不断提高。在食用菌母种、原种、栽培种的固体和液体菌种制作及栽培技术，草菇、杏鲍菇、袖珍菇、香菇的工厂化生产和管理上积累了丰富的工作经验，尤其擅长食用菌工厂化生产规划和设计，以及生产工艺流程和产品标准的制订。1994年在《福建科技报》发表了《草菇主要病虫害防治》，1998年在《福建农业》发表了《草菇袋栽技术》，2017年在《食用菌市场》发表了《菌渣种植金福菇技术》，2018年在《食用菌市场》发表了《杏鲍菇菌渣栽培姬松茸技术》。

朱小光表示，他一辈子就想做一件事，把青春年华都献给食用菌技术推广事业。

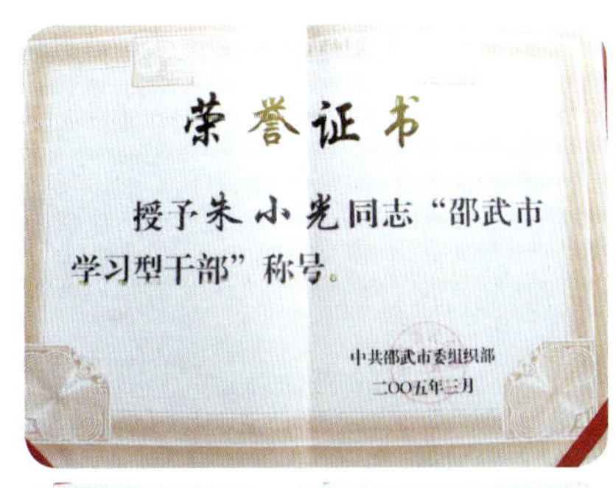
荣誉证书

授予朱小光同志“邵武市学习型干部”称号。

中共邵武市委组织部
二〇〇五年三月

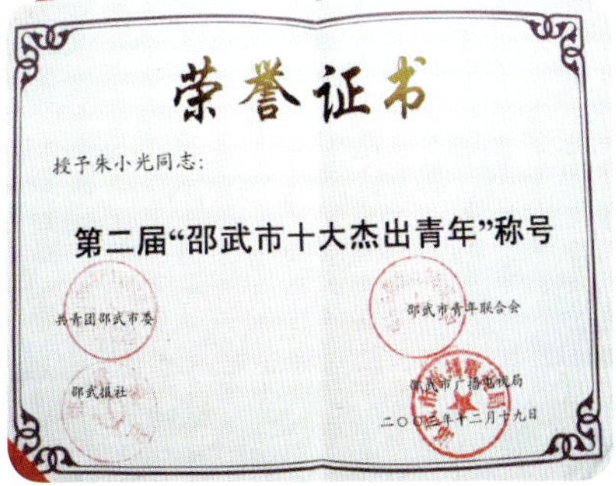
荣誉证书

授予朱小光同志：

第二届“邵武市十大杰出青年”称号

张景文：勇于担当肩头事　小菌菇做成大文章

◆专家档案

姓名：张景文

出生年月：1972.01

工作单位：黑龙江省肇东市食用菌协会

技术专长：黑木耳、平菇、滑子菇、大球盖菇液体菌种的制作及栽培

推荐单位：肇东市食用菌协会

张景文，男，现任黑龙江省肇东市食用菌协会会长、黑龙江省食用菌协会会员。

1992年高中毕业后，张景文开始从事平菇、鸡腿菇、榆黄蘑、香菇、金针菇、滑子菇等食用菌的生产。在得知种植鸡腿菇效益好后，他不远千里赴河北考察鸡腿菇生产项目，经过近2个月的学习和考察，他在生产平菇的同时试生产鸡腿菇。经过一年的试验，张景文种植的300米^{2}鸡腿菇获得成功，第二年在全村种植户中推广，深入种植户生产棚内进行现场指导。随后，他又引进了花菇、榆黄蘑等品种，开创了平菇菌糠栽培鸡腿菇生产模式，自行分离驯化滑子菇菌种一个，深受广大农民的欢迎。

2002年4月，黑龙江省肇东市食用菌协会成立，下设一个科

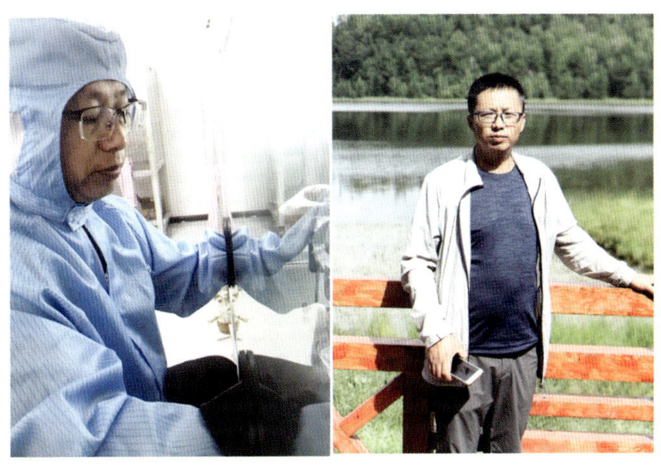

普示范基地、一个科普小分队和一个市场营销部，会长由张景文担任。协会已发展会员576人，其中技术人员28人。过去肇东市的种植业以玉米和蔬菜为主，种植食用菌主要利用秋、冬、春的农闲时间，基本上不与大田作物争时间、争劳力，而且投资少、见效快，这使得协会的拉动作用得到充分发挥。目前，肇东市肇东镇食用菌种植户已发展到1 200户，年栽培食用菌1 000余万袋，年产各类食用菌约3 600万斤，产品销售至山东、北京、广州等地，纯收入约4 200万元，种植户年均纯收入5万元以上。协会近年来先后被评为绥化市优秀科普示范基地、科普工作先进单位、科普之冬二十年先进集体、千会带万户工程先进单位，肇东市农民科技创业培训基地、科普之冬活动先进单位、全国科普日活动先进单位；荣获黑龙江省“2012年农村专业技术协会先进集体”等荣誉称号，这标志着肇东食用菌协会科普工作3年迈出了三大步，实现了升级跨越，为未来肇东市科学技术协会工作创新突破奠定了坚实基础。

在张景文的家里，不仅有他自己订阅购买的有关食用菌生产的报刊书籍，还有细心记录好的菇商联系方式。张景文先后与沈阳、哈尔滨、大庆、安达及兰西等地的超市和批发市场建立了比较稳固的业务关系，经常与外地客商洽谈业务，赢得了客商的信任，也建立起了稳固的产销渠道，保证了农民收益。

张景文通过食用菌产业富起来后，不忘众乡亲，将自己积累的菌菇技术不断传授给村民。几年来，在他的带领和指导下，肇东市肇东镇治国村种植食用菌的农户越来越多，全村475户农户中有60%的农户种植食用菌，仅此一项全村可增收200多万元，人均纯收入约1 500元。小小蘑菇伞富了一个村、一批人，片片蘑菇伞还使肇东市成为远近闻名的蘑菇生产、销售集散地。当地菇农都说，这一幅蘑菇飘香美景，有乡村专家张景文的一份功劳。

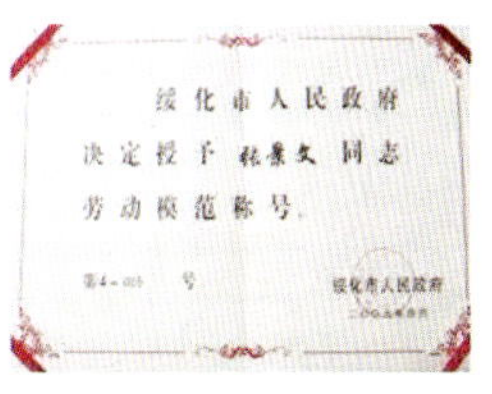

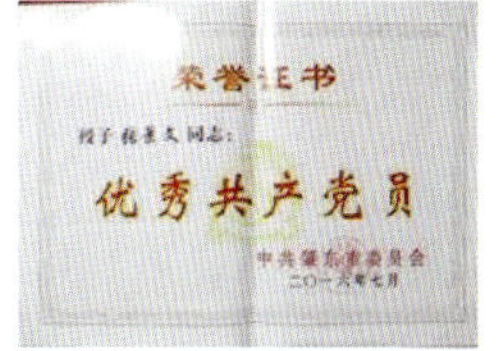

张云生：
爱岗敬业始于心　苦干实干出成果

◆ **专家档案**

姓名：张云生

出生年月：1971.05

工作单位：河南省卢氏县双槐树乡

技术专长：天麻蜜环菌、天麻萌发菌、香菇的制种、栽培及加工

推荐单位：卢氏县菌业生产管理办公室

张云生，男，1971 年出生于河南省三门峡市卢氏县，助理农艺师，现为河南省三门峡市卢氏县双槐树乡脱贫攻坚食药用菌项目责任人。

1997 年开始，张云生在卢氏县双槐树乡从事香菇、天麻萌发菌、天麻蜜环菌的生产与试种植。2000 年，在卢氏县西南五乡镇全面推广香菇大袋小棚层架模式、天麻有性繁殖栽培模式。2003 年，到四川简阳华瑞农业有限公司任技术总监，从事药用菌栽培。2005 年，在四川省临水县、河南省淅川县从事天麻有性和无性繁殖技术服务及推广。2009 年，在湖北丹江、山东枣庄从事香菇栽培技术服务及天麻栽培、加工。2015 年至今，在卢氏县双槐树乡从事食药用菌制种、栽培、加工技术服务。

从业20余年来，张云生主要从事香菇、天麻（萌发菌、蜜环菌）等食药用菌菌种的选育、菌种制作、栽培技术和推广工作，在食药用菌新品种、新工艺、新技术的研发与生产上积累了丰富的经验，取得了较大成果，在食药用菌界享有一定声誉。2015年，他受卢氏县双槐树乡邀请，负责脱贫攻坚食药用菌项目，凭借自身多年经验和香菇种植专业技术，对技术流程进行规范化升级，指导乡镇菇农进行精细化运作，立志打造一个最优质的香菇之乡。在他的带领下，乡镇年生产菌棒约800万棒，成活率在98%以上，年产值突破6 400万元。

为了扩大种植规模、提高产量和品质，张云生从生产实际出发，从人员配备、设备购置和冷藏库建设、市场开拓、技术更新等方面着手，理顺季节栽培和反季节栽培的关系，确定生产目标，定期为菇农进行技术培训，编写专业理论技术资料，定向筛选适合内销和外贸的215、808、31等香菇品种及关键栽培技术，在生产中将20多人培养为技术骨干，受到了乡镇政府和菇农的一致好评。目前他生产的优质菌种可年供1 000万棒种植规模，除供应乡镇农户外，还销往全国各地。

在几年的脱贫攻坚食药用菌的项目上，张云生注重技术创新和营销创新，带动修建了培育保鲜菇的标准棚、培育花菇的小棚层架棚，降低了劳动强度，提高了产量和产值。在他的带领下，逐步开拓了海外市场，建立了菌棒及优质菇出口业务渠道，香菇已远销韩国、日本市场，年外贸量达6 000多吨，年内销量达1 000多吨，另外加工的干菇、花菇、菇腿等产品运销到全国20多个省份。

面对未来，张云生坦言将继续坚持“干一行，敬一行，钻一行，精一行”的信念，带领菇农们在菌业发展道路上迈出更加坚实的步伐。

李香红：
巾帼不让须眉　创业不忘初心

◆ 专家档案

姓名：李香红

出生年月：1971.10

工作单位：济宁市天缘林下循环经济研究院

技术专长：大球盖菇、黑木耳、平菇等食用菌的菌种制作、栽培及推广

推荐单位：济宁市食用菌协会

李香红，女，汉族，1971 年 10 月出生，中共党员，中专学历。2002 年 2 月至 2017 年 12 月，任济宁大地苗木公司董事长。2008 年 2 月至 2017 年 12 月，任济宁市任城区李营苗木协会常务副会长。2013 年 3 月至 2017 年 12 月，任圣地苗木种植专业合作社法人代表。2015 年 5 月至 2017 年 12 月，任大务屯林下养殖合作社法人代表和盛发家庭农场场长。2015 年 6 月至今，任济宁市天缘林下循环经济研究院院长 。

从 2002 年开始，凭着满腔豪情、一股闯劲及女人的细心，李香红的苗木产业做得风生水起，不仅为花园城市建设提供了大量优质苗木，也为增加农民收入、调整产业结构、增加地方税收做出了积极贡献。2014 年，李香红看到了林下经济的广阔发展前景，为

提高苗农收益、增加林地利用率，与山东农业大学共同成立了林下循环经济研究院，开发了以大球盖菇、黑木耳、羊肚菌等为主的林下食用菌栽培循环经济项目，做到了以菌包生产、推广栽培、技术服务为一体的林下循环经济产业，注册了“桐菇”大球盖菇商标。为了让苗农都能做到一亩地两亩用，达到林菌双赢，李香红建立了林菌双赢的微信群和学习班，给大家传授林菌间作的好处和种植技术。在她的带动下，任城区周边现已发展了 1 000 多亩林菌间作基地。

李香红深知，贫困妇女是社会的弱势群体，一个妇女的生存发展状况不仅关系到其自身，也直接影响到整个家庭的稳定，全力帮扶贫困妇女是全社会的共同责任，也是她义不容辞的义务。2014 年 5 月，她以自己的基地作为贫困妇女创业基地，发挥自身的优势带动贫困妇女创业，组织贫困妇女有计划、有目的地发展林下种植。

凡是到合作社林下承包场地开展食用菌种植的贫困妇女均免除场地承包费；对于自家种植的，基地免费进行技术指导，提供产供销一条龙服务，带领她们以帮扶活动为契机，树立她们战胜困难的信心和决心。截至目前，她已成功帮助 160 名农村妇女摆脱了贫困，该基地被济宁市妇女联合会授予“贫困母亲创业基地”称号。

李香红致富不忘众乡亲，在她的带动下，许多人都纷纷加入了食用菌种植。为使他们掌握技术，尽快走上致富路，李香红亲自到基地进行技术指导，把自己的种植经验传授给她们，并把种植过程中常见的杂菌防治方法印成宣传单发给他们；对大家不明白、不懂的地方，她就反复讲解，直到大家听懂为止，对菇农的需求，她也总是随叫随到。

为了更好地发展产业和回报社会，李香红从 2015 年积极做起了扶贫帮扶公益事业，不仅在当地发挥了领头雁的作用，也树立了较高的威望。未来，她有决心、有信心不断发展壮大自己的事业，带动父老乡亲共同致富，唱响和谐发展的凯歌。

张江：凭借敢闯实干精神　开创菌业致富新路

专家档案

姓名：张江　出生年月：1974.04

工作单位：云南省曲靖市联农共创专业合作社

技术专长：海鲜菇、平菇等食用菌的菌种选育、种植及深加工技术

推荐单位：曲靖市食用菌产业协会

张江，云南省曲靖市麒麟区人，菌类中级园艺师。2008 年，他成立了曲靖市联农共创专业合作社并担任法人代表。合作社以食用菌种植为主营业务，采取土地入股、资金入股等方式，走“龙头企业 + 农民专业合作社 + 农户”的产业化经营模式，实行集约化、规模化经营，带动规模种植农户 1 000 余户，为广大农户架设食用菌运销桥梁，在当地开创了一条通过食用菌种植致富的新路子。

在进一步做大做强的发展战略思想指导下，张江通过市场调研分析，把食用菌工厂化设施栽培作为一个新的发展方向和业务增长点，开始建设食用菌工厂化生产新型种植模式。该项目工程占地 22 亩，总投资 3 200 余万元。通过项目的实施对项目所在地区及周边地区食用菌产业的发展起到了良好的示范带动作用，既增加了当地农民的收入，又优化了农业产业和农村经济结构。

长久以来，张江一直坚信“信用才是企业的生命力”的经营理念，合作社 2009—2014 年连续 5 年被曲靖市工商行政管理局评为重合同守信用企业，2012 年荣获“麒麟区农业产业化龙头企业”称号。

陈其周：
研发蛹虫草生产技术　为人类提供新资源食品

◆ 专家档案

姓名：陈其周　出生年月：1964.09

工作单位：沈阳绿之谷现代农业有限公司

技术专长：蛹虫草菌种选育、制作及栽培

推荐单位：辽宁省食用菌协会

陈其周，辽宁沈阳人，现为沈阳绿之谷现代农业有限公司负责人。他从2000年开始接触食用菌行业，2008年开始种植蛹虫草，2013年开始研究菌种，2015年开始面向农户供应菌种。蛹虫草无性繁殖过程中极易发生变异，还容易发生绿霉污染、细菌污染、寄生性枝孢霉污染等，易造成绝收。陈其周在研究和实践中发现，液体菌种对防污染的要求高，使用液体菌种对蛹虫草的变异和污染防控效果较好，于是他潜心研究，完成了液体菌种的制作技术，并为当地农户提供菌种。公司提供的菌种和技术指导，使农户种植出的蛹虫草几乎没有变异，绿霉污染、细菌污染、寄生性枝孢霉污染明显减少。

据统计，辽宁省蛹虫草种植面积约为2 000亩，而陈其周提供的菌种占市场份额的80% ~ 90%，目前蛹虫草种植面积逐年扩大，产业呈现出良好的发展势头。

张文平：把心血和汗水洒在黄背木耳产业上

◆专家档案

姓名：张文平

出生年月：1970.01

工作单位：四川省什邡市湔氐镇食用菌协会

技术专长：黄背木耳等食用菌的菌种研发、制作及栽培技术研究

推荐单位：四川省什邡市湔氐镇食用菌协会

张文平是四川省什邡市黄背木耳产业“第一个吃螃蟹的人”。

1987 年，为引入种植黄背木耳，张文平与父亲一起外出取经，不断钻研技术，通过反复试验、示范，初步掌握了黄背木耳的栽培技术，使黄背木耳在什邡市的栽培获得成功。1990 年，通过自己的努力学习和不断探索，全面掌握了黄背木耳的制种技术，开始了黄背木耳原种的培育。张文平取得栽培和制种的成功后，发扬无私奉献精神，带领农户学，指导农户干，在生产过程中经常向遇到困难和问题的群众给予技术指导。据不完全统计，曾先后组织食用菌技术培训上百次，培训人数 1.2 万人次以上，发放技术资料 1 万余份（册）。在他的指导和带动下，经过种植户的共同努力，什邡市湔氐镇黄背木耳产业

发生了翻天覆地的变化，成为全国重要的毛木耳生产基地之一。截至2018年，全镇已种植黄背木耳约1.5亿袋，产值约6.2亿元，纯收入约3.2亿元。2018年，全镇仅食用菌一项人均纯收入就达1万余元。2018年4月，什邡市湔氐镇被中国乡镇企业协会食用菌产业分会授予“中国黄背木耳之乡”荣誉称号。

在做好技术研究和指导的同时，张文平也非常注重当地黄背木耳产业的组织体系建设工作。1997年年底，在各级科学技术协会的指导下，他牵头成立了什邡市湔氐镇食用菌协会并担任副理事长，负责全面技术，2012年开始担任理事长。协会成立后，按照“民办、民管、民受益”的原则，对会员实行产供销一条龙服务，会员数量一度达到3 200余户。协会规模的逐步发展壮大得到了各级单位的肯定。2001年被国家质量技术监督局评为无公害农产品生产基地，2005年被中国食用菌协会评为全国食用菌生产优秀基地。

张文平助农增收的事迹得到了各级政府的肯定，先后被德阳市政府授予“劳动模范”“德阳市十大杰出青年农民”称号和德阳市第一、二、三、四届“农民拔尖人才”称号。2007年9月，荣获中国科学技术协会授予的“科普惠农兴村带头人”称号。2008年3月，荣获“四川省农村优秀人才”称号。2014年7月，参与的“毛木耳优异种质和新品种选育及精准化栽培技术研究”荣获四川省科技进步奖二等奖。2015年4月，荣获“四川省劳动模范”荣誉称号。2019年7月，经什邡市湔氐镇政府、什邡市农业农村局推荐，张文平入选“德阳农业大师”。

黄背木耳陪伴了张文平的大半生，作为一线农业技术推广带头人和乡村菌业专家，在国家乡村振兴战略指引下，继续用勤劳、汗水和朴实编写着菌业人生的华丽篇章。

齐旭：
开展食用菌种植　带动周边农民增收致富

◆ **专家档案**

姓名：齐旭　出生年月：1995.12

工作单位：辽宁省海城市铭旭生物有限公司

技术专长：香菇、平菇等食用菌的菌种制作、栽培及深加工技术

推荐单位：辽宁省食用菌协会

齐旭，1995 年 12 月出生，辽宁省海城市人，农艺师，现任辽宁省海城市铭旭生物有限公司负责人。

齐旭 2014 年开始进入食用菌行业，2016 年独资筹建海城市铭旭生物有限公司和龙辉食用菌种植专业合作社，注册资金 500 万元，占地面积 300 亩，从生产到加工再到销售，一站式服务本村菇农 230 户，年制作菌棒 400 万棒，销售鲜品香菇 600 万斤、干菇 2 万斤。目前鲜品香菇已销至西安、上海、昆明、重庆等地，并配有冷库等冷链设施。

多年的从业经历使齐旭熟练掌握了香菇、平菇等食用菌的种植技术，包括菌种生产、制棒、发菌、出菇管理、产品加工和销售等各个环节，在基地规划、菇棚设计建设、制棒和加工生产线施工等方面具有一定的经验。在抓好自身企业发展的同时，齐旭还经常义务指导本村镇及周边地区菇农进行香菇、平菇等的生产种植，义务为他们提供技术支持和服务。2019 年他所在的乡镇已发展香菇菌棒 2 000 万棒，给菇农带来直接经济效益高达 2 000 万元。

唐家海：不断完善生产技术　引领当地菌业发展

◆ **专家档案**

姓名：唐家海　出生年月：1965.04

工作单位：湖北省随县三里岗镇吉祥寺食用菌种植园

技术专长：香菇、黑木耳菌种制作，袋料香菇规模化栽培

推荐单位：随州市食用菌协会

唐家海，1965 年出生，湖北省随县人，农艺师，随县三里岗镇吉祥寺食用菌种植园负责人。

唐家海高中毕业后做过协管员、会计助理，当过篾匠、木匠。1979 年，他看到家乡具有发展香菇和黑木耳的栎木资源，于是他到华中农业大学拜访并求教食用菌专家杨新美教授，在杨教授的技术帮扶和指导下，返回家乡发动村民发展香菇和黑木耳栽培，当年就发展了各 5 000 棒，次年大获丰收，闻名全镇。地方领导认识到这是一项脱贫致富的好项目，给予了重视和支持。在相关部门的支持下创办了当地第一家菌种厂，掀起了一股香菇和黑木耳的发展高潮。1994 年唐家海到浙江庆元学习春香菇袋料栽培模式，1997 年到河南泌阳学习秋香菇袋料栽培模式，并将这些生产技术带回家乡，为当地食用菌产业可持续发展做出了积极努力。

唐家海在食用菌产业技术服务中的付出得到了社会各界及相关部门的认可，1998—1999 年荣获随州市供销合作社先进个人奖，2006 年荣获“湖北省科学技术协会科技示范户”称号，2010—2016 年连续荣获“随州市食用菌协会种菇能手”称号。

包金亮：普通农民做好普通事情，也能精彩，也会出彩

◆ **专家档案**

姓名：包金亮

出生年月：1974.12

工作单位：浙江省磐安县山之舟生态农业有限公司

技术专长：香菇的工厂化栽培，珍稀食用菌的种植

推荐单位：磐安县食用菌协会

包金亮20多年如一日，在食用菌事业的道路上，孜孜追求，不断进取，是由“劳力型”向“智力型”蜕变的现代农民代表、农民土专家。

从创办磐安县首家民营食用菌研究所开始，包金亮倡导食用菌绿色生产，领办省级食用菌标准化示范基地，承担国家级星火计划项目，研发林菌生态循环技术模式，开发食用菌盆景，建设食用菌观光园，用创新的方式推动食用菌产业提质增效、转型升级。包金亮在《农业科技通讯》《食用菌》等国家级专业刊物上发表了20余篇论文；自主研发的食用菌集约化栽培工艺与装置、食用菌接种装置等16项发明获得国家知识产权局专利授权；研发的“食用菌多级循环模式”被评为“浙江省生态农业十大创新技术和模

式”；开发的食用菌盆景获得浙江省精品果蔬展金奖；研发的林下如意灵芝获得国际森林产品博览会金奖；研发的林菌虫生态循环模式被作为典型在浙江省林业科技成果展、浙江省科技特派员成就展上展示；制定的《林菌生态循环技术规程》被列为浙江省地方标准；科技成果获评浙江省农业丰收奖二等奖。

包金亮采用“公司 + 基地 + 农户”模式，免费提供菌种、技术指导，带动周边农户栽培食用菌约 3 100 万袋，产值约 1.78 亿元，有效地促进了当地低收入农户的增收致富。他经常被邀请参加食用菌培训讲课、科技下乡，并在基地举办食用菌现场会，至今共接待参观学习近 10 万人次。他总是无偿帮助菇农解决种菇难题，他坚信“授人以鱼不如授人以渔”，面对菇农的咨询总是毫无保留地倾囊相授。

2012 年金华市面向全市征集农业产业帮扶支援项目，包金亮毅然参加了金华援疆团。在两年的援疆工作中，帮助当地建立食用菌示范基地 162 亩，开展技术培训 20 余场次，培训 1 000 余人次，切实带动了当地食用菌产业发展，变“输血”扶持为“造血”帮扶，带动了

一个地区的农民发家致富，树立了金华援疆工作的良好形象。

包金亮流转林地 1 000 余亩，建设林菌生态循环标准化示范区，带动农民发展林下食用菌栽培，促进林下经济发展，助推乡村振兴，解决了林菌矛盾，拓宽了林业和农民的增收渠道。同时，他牵头制定的浙江省地方标准《林菌生态循环技术规程》，实现了生态保护和产业开发的科学融合，真正做到了“变绿水青山为金山银山”。中央电视台中文国际频道《走遍中国》对包金亮进行了采访报道。

包金亮个人获评“浙江省十佳农民创客标兵”“十佳农民大学生”“拔尖人才”“劳动模范”“高技能领军人才”“创业先锋”等荣誉称号。他还是全县首位获评高级农艺师技术职称的农民。

冯龙：
常怀赤子之情　追逐强菌梦想

◆ 专家档案

姓名：冯龙

出生年月：1969.09

工作单位：黑龙江省海林市供销合作社联合社

技术专长：黑木耳、滑子菇等菌种的研发和推广，工厂化全产业链管理技术

推荐单位：海林市食用菌产业领导小组办公室

冯龙，现任黑龙江省海林市供销合作社联合社副主任，海林市食用菌产业办公室副主任，牡丹江市食用菌协会副会长、专家组成员、优秀中青年专家，黑龙江省食用菌协会理事；国家黑木耳产业技术创新战略联盟和中国食用菌商务网特聘专家。

冯龙 1988 年任牡丹江食用菌厂副厂长，1999 年成立牡丹江海丰（康达）食用菌研究所，2003 年创办省内第一所食用菌职业技术学校，2004 年在牡丹江地区推广滑子菇种植，2016 年免费发行《预防螨虫手册》1 万余册，2017 年协助创建海林市丰源食用菌研究所、海林市菇友电子商务中心。从业 30 多年来，他始终致力于食用菌技术研发和推广工作，坚持在生产第一线，热诚服务菌农，成为当地食用菌行业的领头人、菌农致富的带头人。

多年来，冯龙带领研究所技术人员刻苦钻研，终于成功研发出黑木耳菌种康达 1 号、海丰 1 号和滑子菇菌种龙滑 1 号等优质菌种资源。经他研发的菌种生产出的产品品质好，色黑片厚、口感滑润、经济价值高，经专家委员会鉴定通过，获得黑龙江省农业委员会生产经营许可证，并在全国推广。这些黑木耳菌种及技术在海林市各乡镇推广覆盖率达 40% 以上。

从业经历中，他非常重视食用菌种植技术的传承，每年都免费开办种植技术辅导班，累计已达近千场次。他手把手地教菌农们生产管理技术，积极参加公益支农活动，踊跃参加牡丹江市科学技术协会组织的“科普之冬”活动，先后去海林市柴河镇、宁安市渤海镇、牡丹江市铁岭河镇和林口县五林镇等地免费服务菌农，宣传食用菌发家致富的路径。由于贡献突出，2004—2011 年连续被牡丹江市食用菌协会授予“先进工作者”称号。

2012 年，冯龙当选牡丹江市爱民区政协委员。他认真履行职责，踊跃参与食用菌产业调研，在当地食用菌基地建设、废弃菌包处理、产业发展规划等方面积极建言献策，为海林市及牡丹江市政府提出了多项切实可行的合理化建议，有效规避了项目建设中问题的产生。他的提议和方案得到政府的认可和重视，2014 年被海林市政府授予“农村帮建先进个人”荣誉称号，2016 年被牡丹江市委、市政府评为牡丹江市优秀中青年专家，享受政府津贴。

冯龙对于食用菌产业的执著和赤子之情受到省内外业界的一致好评，他讲授的种植技术得到十里八乡农民的认可。他协助职能部门对假冒产品予以打击，净化了菌业市场和市场销售环节。他还是牡丹江广播电台等媒体的现场专家，热线答疑座上常客，为全市菌农发家致富出谋划策。

“服务于菌业，让百姓受益，是我一生的追求”，这是冯龙经常说的一句话。他也是按着这样的要求，践行着一名新时代基层菌业科技工作者的神圣职责。

荣誉证书

授予冯龙同志：

2013 年度新农村帮建先进个人荣誉称号。

海林市人民政府

二〇一四年三月

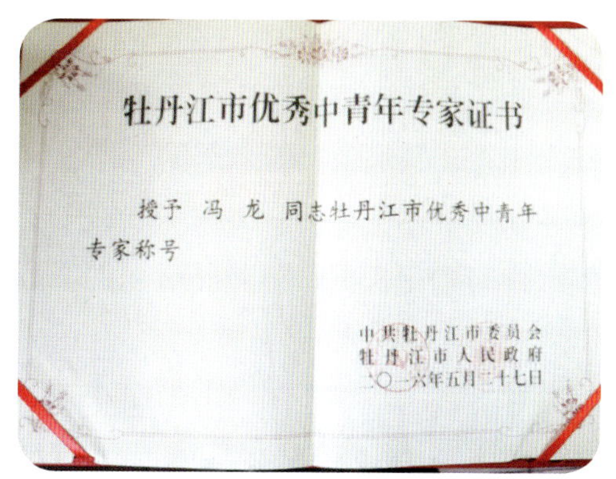
牡丹江市优秀中青年专家证书

授予 冯 龙 同志牡丹江市优秀中青年专家称号

中共牡丹江市委员会

牡丹江市人民政府

二〇一六年五月二十七日

张忠旺：悉心钻研鸡腿菇种植技术 引领农户发家致富

专家档案

姓名：张忠旺 出生年月：1968.01

工作单位：山东省梁山县农业农村局生产科

技术专长：一、二、三级菌种及液体菌种的制作，鸡腿菇的菌种制作及栽培

推荐单位：梁山县农业农村局

张忠旺，男，山东省梁山县人，大学本科，农业经济师。

2000—2008 年，张忠旺指导当地农户 30 个大棚的鸡腿菇生产。2008 年至今，他到山东省平阴县和当地菇农一起创新并完善了土洞栽培鸡腿菇技术模式，为 500 个土洞鸡腿菇生产户提供菌种和技术指导。2017 年他还对山西省沁县和武乡县的黑木耳生产进行了技术指导。

在进行鸡腿菇等食用菌品种的菌种制作和生产管理中，张忠旺的生产技术和管理经验逐步成熟。他熟练掌握了液体菌种的制作技术，对鸡腿菇等食用菌生产中的病虫害防治也有一定的研究。在做好自身生产技术革新的同时，张忠旺积极指导和帮助菇农开展食用菌生产，帮助贫困户依托食用菌产业脱贫致富，成为当地菇农心目中的致富引路人和土专家。

蔡振平：
发展香菇产业　为村民撑起致富伞

◆ **专家档案**

姓名：蔡振平　出生年月：1966.03

工作单位：辽宁省新宾满族自治县榆树乡蔡家村党支部

技术专长：香菇全熟料、半熟料菌棒制作与栽培技术

推荐单位：辽宁省食用菌协会

蔡振平，男，1966 年出生，现任辽宁省新宾满族自治县榆树乡蔡家村党支部书记、振平香菇种植专业合作社理事长。

2013 年蔡振平率先成立了由村干部领办的振平香菇种植专业合作社，合作社成员 144 人，其中贫困户 36 户，入股资金 437 万元。合作社依托辽宁省农业科学院食用菌研究所为技术支撑，聘请该研究所专家和新宾满族自治县农业技术推广中心高级农艺师为技术顾问和技术指导，示范与推广香菇全熟料袋栽覆土种植新技术和香菇半熟料栽培技术，实现高产优质。2015 年合作社被抚顺市科技局认定为“抚顺市现代农业科技专业合作社”。

蔡振平在自己发展香菇产业的同时，不忘带动村民一同发展。在他的领导下，蔡家村贫困户全部脱贫，蔡家村的经济得到飞速发展。由于工作成绩突出，蔡振平 2017 年被农业部授予“劳动模范”荣誉称号。

陈斌：
推广大球盖菇优质高产技术　造福一方菇农

◆专家档案

姓名：陈斌　出生年月：1984.06

工作单位：河南省虞城县金隆菇业有限公司

技术专长：大球盖菇、黄金针菇、平菇等食用菌的栽培技术

推荐单位：虞城县食用菌协会

陈斌于 2013 年进入食用菌行业，现主要从事大球盖菇的生产加工、收购销售及技术服务工作，在大球盖菇菌种制作及工厂化生产方面具有较高的理论水平和丰富的实践经验。

陈斌一直在不断探索大球盖菇工厂化生产等各种模式，研究出一套简单方便、低投高效、低碳环保的实用技术，不但使常规大球盖菇的栽培时间提前，而且将养菌出菇的时间由过去的 45 ~ 60 天缩短至 35 天左右，并且将出菇潮次由过去的 3 ~ 5 茬延长至 5 ~ 7 茬，提高了其生物转化率。生产管理上他提出“简单的原料、简单的处理加上精细的管理”，实现了常规栽培高产。

在自己发展的同时，他推广带动周边及全国大球盖菇基地数十家，采用不同模式进行栽培生产，常年现场或通过电话指导解决各基地在实际生产中所遇到的问题。2018 年他在全国食用菌工厂化生产发展论坛上做“大球盖菇工厂化栽培技术解析”的报告发言，得到行业专家及从业者的关注和认可。

中华人民共和国国家知识产权局

450000

2018年08月25日

申请号或专利号：201810976469.7

专利申请受理通知书

申请号：201810976469.7

申请日：2018年08月25日

申请人：陈斌

张建国：做好食用菌生产技术服务　帮助企业和菌农创造效益

◆ **专家档案**

姓名：张建国　出生年月：1966.02

工作单位：黑龙江省宁安市鹏盛农业科技发展有限公司

技术专长：香菇、平菇、滑子菇等食用菌的栽培

推荐单位：宁安市食用菌产业办公室

张建国，男，1966 年 2 月出生于安徽省巢湖市，1986 年到黑龙江八五一一农场开始从事食用菌相关工作，他从普通员工做到技术员再到技术厂长。1995 年他受聘于黑龙江宁安农场，创办食用菌生产基地，主要从事香菇工厂化生产。2016 年他受聘于黑龙江省宁安市鹏盛农业科技发展有限公司，任技术总监，主要从事香菇、平菇、滑子菇等食用菌的生产技术服务。

从事食用菌技术服务工作期间，张建国得到业界多位专家的言传身教，自身技术水平和管理能力得到快速提升。他在指导企业生产和举办培训过程中，也培养了多位食用菌技术人员，为近千人创造了就业机会。1991 年张建国获得黑龙江省黑木耳高产攻关奖三等奖，1994 年他首创的“北方香菇栽培技术模式”获黑龙江省科学技术成果奖，2001 年他获得“黑龙江省农垦牡丹江局宁安农场劳模标兵”称号。他还多次荣获“科技示范户”“科技创新带头人”等荣誉称号。

车斌：专注于液体菌种技术和设备革新

◆ **专家档案**

姓名：车斌

出生年月：1971.02

工作单位：黑龙江省尚志市车斌菌业有限公司

技术专长：食用菌液体菌种设备设计、生产、推广，黑木耳装包自动化生产线设计、研发及生产管理工艺

推荐单位：尚志市多种经营办

车斌，现任黑龙江省尚志市车斌菌业有限公司、黑龙江省铭仕食用菌生产机械制造有限公司总经理，主要研究黑木耳全过程生产管理和液体菌种生产工艺，同时研发生产各种类型装袋机和自动化包装生产线。他从事黑木耳液体菌种技术生产20多年，积累了丰富的生产经验，为国内很多厂家提供了优质的技术服务，并做出了很多的工艺创新，形成了一套独特的工艺生产流程，在行业内享有良好的口碑和声誉。

车斌是黑龙江省最早将液体菌种用于一线生产的菌业人士之一。他发明的液体菌种专用多级变径接种棒对液体黑木耳菌包制作工艺非常重要，如今已经成为大小厂家必备的专用工具之一，在生产中收到了良好的效果，广受关注和好评。此外，针对黑木耳

装包机械的落后局面，车斌研发了黑木耳装包自动化机械系统，填补了业内空白。他研发的新型黑木耳挂件创造了黑木耳挂袋的新模式，已被多家基地采用。凭借多年黑木耳技术管理经验及黑木耳液体菌种生产技术表现，车斌成为黑龙江省黑木耳液体菌种技术应用及研发的技术带头人，也成为黑木耳全自动化生产模式最早倡议人之一。他成立的两家企业以设计前卫、制造精良著称，成为专门从事食用菌液体菌种设备、自动化生产线及规模化成套设备研发、设计、生产、推广的知名科技型装备企业。

从业20多年来，车斌一直以突破行业技术瓶颈为己任，为推动菌业发展全力以赴。他曾在中央电视台《科技苑》《农广天地》和尚志电视台《黑土地》等栏目介绍过技术和经验，《黑龙江省农村报》《林业报》等多家媒体登载过他的事迹。他曾获得哈尔滨市五四青年奖章、黑龙江省科技创新突出贡献奖等奖项；还曾获得“尚志市十佳创业之星”“黑龙江省星火科技带头人”“全国科普惠农先进个人”等称号；在黑龙江省首届科技创新创意大赛获得优秀奖。从业期间，他历任中国食用菌商务网专家组成员、阜平县食用菌专家组成员、黑龙江省食用菌协会副会长、黑龙江省北味菌业科技集团股份有限公司技术副总监、尚志市食用菌协会副会长等职务，还为数十家液体菌种企业做过技术指导。

在专注于液体菌种生产和技术革新中，他大胆创新、勇于开拓，把名不见经传的企业发展成为耀眼的明星企业，让黑木耳液体菌种技术在黑土地上开花结果。

证书

授予车　斌同志

2009年度全省农村青年星火带头人荣誉称号

共青团黑龙江省委员会　黑龙江省科学技术厅

二〇一〇年一月

党兴仁：发挥技术优势　勇做食用菌产业发展助推器

◆ 专家档案

姓名：党兴仁

出生年月：1965.10

工作单位：河南灵宝昌盛食用菌有限责任公司

技术专长：香菇、白灵菇等的菌种制作、工厂化生产技术，食用菌的工厂化规划建设

推荐单位：河南省食用菌协会

党兴仁，河南省泌阳人，高级农艺师，从事食用菌种植 30 余年，专注于食用菌新品种、新工艺、新技术的研发与产业化生产，积累了丰富的经验，取得了丰硕的成果，在国内食用菌领域享有一定声誉。现为河南灵宝昌盛食用菌有限责任公司常务副总经理兼技术总监、山西省高平市现代农业资深专家顾问、中国食用菌商务网专家顾问团成员。

1990—1998 年，党兴仁在泌阳县推广大袋小棚层架花菇栽培模式；1999—2001 年，他在山西省临汾市安泽县从事香菇栽培技术服务及推广工作；2002—2005 年，他到河南省濮阳市从事白灵菇栽培技术服务及推广工作；2007—2017 年，党兴仁被聘到山西省高平市金田农业科技有限公司任职；2018 年，他被聘为河南

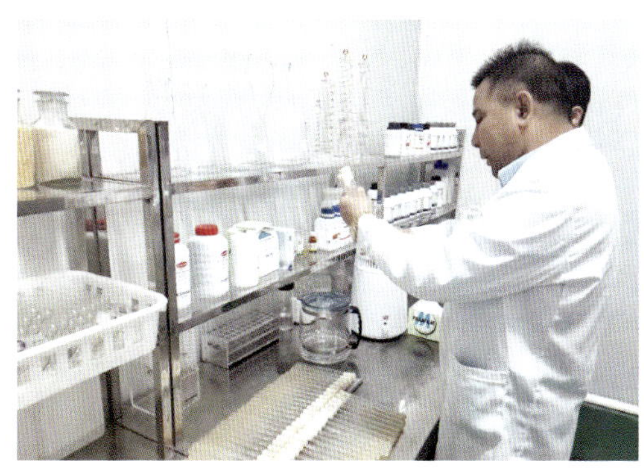

用菌有限责任公司常务副总经理兼技术总监。

到任河南灵宝昌盛食用菌有限责任公司以来，党兴仁凭借自身多年食用菌种植专业技术和管理经验，对技术流程进行规范化升级，对企业管理进行精细化运作，打造优秀技术团队。他从企业生产实际出发，从人员配备、设备购置、市场开拓、技术规范等方面着手，理顺生产关系，确定生产目标，积极组建公司高标准、严要求的生产技术部，编写专业理论技术资料，集中对公司现有的十几名技术员进行授课培训、技术指导；定向筛选昌盛 818 品种及关键栽培技术，仅 2018 年就培养带动了 13 名技术骨干，其中 2 人已获得高级农艺师资格证书。公司菌棒年生产规模达到 600 万棒，损耗率被控制在 2% 以内，公司产值达 8 000 万元。公司还逐步开拓了海外市场，建立起菌棒出口业务渠道，已远销韩国、日本市场，深受客户肯定。截至目前，公司年出口菌棒 200 多万袋，出口创汇 200 余万美元。

党兴仁非常注重技术创新和科技攻关工作，在高平市金田农业科技有限公司任职时，他与山西农业大学食用菌科技创新团队共同完成了农业科技攻关项目——“三位一体”香菇周年化高效生产技术；2016 年，他主持了山西省香菇产业物联网配套技术示范推广项目，并与山西农业大学常明昌教授团队共同对香菇新品种 SD-1 进行了新品种试验与技术推广。在河南灵宝昌盛食用菌有限责任公司，他已申报“净化车间新风系统”等实用新型专利 9 项，确定了 3 项菌种研发课题。这些创新成果和技术革新提高了生产效率，降低了劳动强度，增强了企业发展后劲。

党兴仁的奋斗经历也得到了社会各界的肯定，他相继被评为“食用菌优秀科技工作者”“山西省晋城市农业专家库人才”“高平市现代农业资深专家”“三门峡市高层次创新创业高级人才”，荣获山西省食用菌行业十大外聘专家突出贡献奖、山西省食用菌突出贡献奖等荣誉和奖项。

30 多年的从业经历中，党兴仁充分发挥自己的技术优势，勇做食用菌产业发展的“助推器”，认真履行着一名基层技术人员的神圣职责。

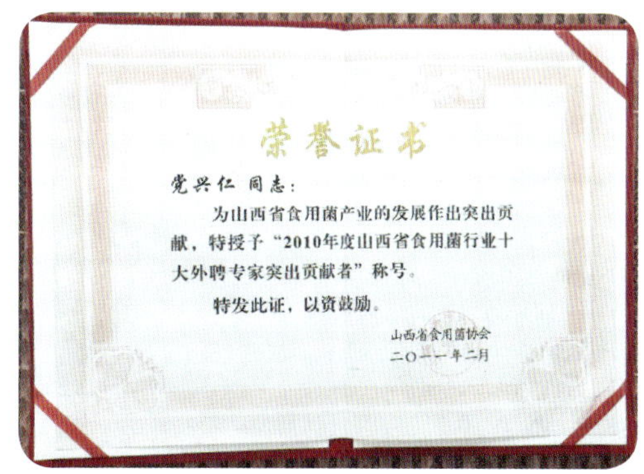

荣誉证书

党兴仁 同志：

为山西省食用菌产业的发展作出突出贡献，特授予“2010年度山西省食用菌行业十大外聘专家突出贡献者”称号。

特发此证，以资鼓励。

山西省食用菌协会

二〇一一年二月

杨广孝：用自己的智慧和奉献精神为基层食用菌产业的科普工作不懈努力

◆ 专家档案

姓名：杨广孝

出生年月：1967.10

工作单位：甘肃省康县食用菌开发中心

技术专长：香菇、黑木耳、天麻的菌种选育、栽培和技术推广

推荐单位：康县食用菌开发中心

杨广孝，男，汉族，1967 年 10 月生于甘肃省康县，1986 年 6 月参加工作，1998 年 4 月入党，大专学历，工程师，现任甘肃省康县食用菌开发中心主任。

杨广孝任职期间为全县食用菌产业制定了发展规划和帮扶计划，解决了农户栽培香菇、黑木耳、天麻时遇到的 100 多项疑难问题，举办各项实用的技术培训达 100 多场次，受训群众达 1 万余人次，为 115 万余人次提供过咨询，发放食药用菌技术资料 5 万余册，组织技术人员和食用菌生产大户到外地参观学习 10 余次。针对食药用菌品种退化、技术落后的难题，杨广孝积极制定了引进改良食药用菌品种计划，共引进 7 类 29 个品种，通过试验选育出适应当地气候的 2 类 6 个当家品种，建成了包括 24 类 130 个品

荣誉证书

杨广孝同志被评为全省经济作物技术推广工作先进个人。特发此证，以资鼓励。

甘肃省农牧厅
2015年1月22日

证 书

为表彰陇南市科学技术进步奖获得者，特颁发此证。

项目名称：康县食用菌良种繁育系列开发

奖励等级：二等

获 奖 者：杨广孝

种的良种库。

任职期间，杨广孝主持编写了《花菇袋料栽培技术》《食用菌栽培技术新编》《羊肚菌人工栽培技术》《黑木耳雾灌及增产效益》《黑木耳品种试验》等科普培训教材。其中，《黑木耳雾灌及增产效益》和《黑木耳品种试验》分别被《微生物通报》和《中国食用菌》杂志转载；他撰写的论文《关于加快康县食用菌产业发展的调查与思考》发表在2012年《中国食用菌》杂志；他主持拍摄了科教片1部，并获中央电视台科教片电视展播一等奖；他参与制定了符合康县实际的具有较强操作性的《康县黑木耳菌种生产技术规程》《康县黑木耳椴木栽培技术规程》《康县黑木耳》三个标准，已通过甘肃省质量监督局批准作为地方标准实施；他还积极推进康县食用菌地域品牌的推广工作，申请注册了“康县黑木耳”商标并申报了康县黑木耳地理标志产品保护认证。

在杨广孝的技术支持和协调引领下，目前食用菌生产已覆盖康县18个乡镇，有约2万户近8万人从事食用菌生产，袋料栽培规模由原来的约20万袋增加到1 000多万袋。食药用菌总产量681万千克，总产值约1.74亿元，有效地激发了菇农的生产积极性。

杨广孝在技术上的刻苦钻研和在推广中的无私付出得到了社会及各级部门的认可、肯定。1990年获陇南地区科技进步奖一等奖；1995年、1997年获陇南地区科技进步奖二等奖；2002年、2012年被评为全县农牧工作先进个人；2006年获陇南市科技进步奖三等奖、康县科技进步奖二等奖；2008年获康县科学技术进步奖三等奖；2009年获陇南市、康县科技进步奖二等奖；2014年被陇南市科学技术协会评为陇南市科普工作先进个人；2015年被陇南市科学技术协会评为2014年度全市优秀科普工作者，被甘肃省农牧厅评为技术推广工作先进个人。

作为一名产业主管部门负责人，杨广孝在认真履行着党和国家赋予他的神圣职责；作为一名食用菌从业者，他用自己的智慧和奉献精神，为基层食用菌产业的发展而不懈努力着！

张万良：
踏实做菌事　诚信谋发展

◆ 专家档案

姓名：张万良

出生年月：1964.10

工作单位：成都万良菌业开发有限公司

技术专长：双孢菇、金针菇、大球盖菇、竹荪等的菌种选育和栽培

推荐单位：大邑县食用菌协会

张万良，男，四川省大邑县人，成都万良菌业开发有限公司董事长兼总经理，大邑县食用菌协会会长，成都市农业产业化龙头企业协会常务副会长。

1987 年开始，张万良走上了打工之路，成了一名农民工，先后在周边县区菌种厂和四川省农业科学院菌种厂打工。在习得一技之长后，1989 年他回到家乡开始种植黑木耳。经过多次实践，张万良的食用菌种植技术越来越成熟，市场销路也越来越好。为了带动村民一起致富，他萌发了卖菌种、办培训班教大家种植食用菌的念头。于是他借了一个小学教室，开办培训班，邀请有种植意向的村民前来学技术，正是这间简陋、破旧的小屋，成了张万良菌种事业发展的起点。1994 年，张万良菌种厂正式成立，在

良菌业”“就吃它”“素妹”“加尝”等，其中“万良菌业”荣获成都市著名商标。公司2012年获得“四川省农产品加工示范企业”称号，2017年获得“成都市重点龙头企业”称号。

张万良在食用菌产业经营中取得的显著成就得到了社会各界的认可，1999年被大邑县科学技术委员会评为先进个人，2001年被四川省食用菌协会评为先进个人，2008年被评为全国优秀农民工，2010年被成都市人民政府评为劳动模范，2012年被推荐为大邑县第十届政协委员并被大邑县委授予“有为政协委员”称号，2013年当选成都市农业产业化龙头企业协会常务副会长，2014年入选四川好人榜，2016年3月被选为大邑县食用菌协会会长。

随后的几年里，张万良往返于邛崃、都江堰、郫县、双流、崇州、大邑等地，为农户培训种植技术，靠着良好的信誉和过硬的技术，张万良的事业蒸蒸日上。从1995年开始，随着越来越多的农户加入种菇的行列，食用菌的产量越来越大，张万良又和菇农签订收购协议，回收菇农种植的鲜菇，进行盐渍加工后卖给沿海地区的食品厂。2004年，张万良菌种厂正式升级为成都万良菌业开发有限公司。

升级后的公司主要从事食用菌菌种制作和产品初加工，并与大邑县金维大球盖菇种植农民专业合作社结成联盟，实行“公司+合作社+农户”的产业化经营模式，实现了食用菌订单农业生产。公司加工产品主要是金针菇、杏鲍菇等六大系列休闲食品，主要品牌有“万

贾中科：
力推羊肚菌人工栽培技术　带富一方百姓

◆ **专家档案**

姓名：贾中科　出生年月：1965.11

工作单位：绵阳市经科菌业有限责任公司

技术专长：羊肚菌等食用菌的菌种制作、产品加工及销售

推荐单位：绵阳市游仙区食用菌产业协会

贾中科从事食用菌产业20余年，有丰富的食用菌菌种制作、生产管理及产品加工销售经验。1988年创办新桥食用菌菌种厂，1992年成立了绵阳农业高等专科学校新桥技术咨询服务站，1995年7月更名为绵阳市经科菌业有限责任公司，2015年开始研究试种人工羊肚菌，2016年公司与山西省农业科学院食用菌技术创新团队、山西阳城科惠微生物研究所等6家单位发起成立了羊肚菌产业技术创新联盟，2018年公司成功举办了绵阳市首届羊肚菌“经科杯·仙姑牌”蘑菇公主选拔赛。

贾中科担任过中国食用菌协会羊肚菌产业分会理事、四川省食用菌协会理事、绵阳市食用菌协会常务理事、绵阳市游仙区食用菌产业协会会长等职务。他还被财政部、科技部授予“全国科普惠农兴村带头人”称号，被四川省食用菌协会授予“优秀企业家”称号，被绵阳市农业农村局、绵阳市农村工作领导小组、绵阳市中小企业局、绵阳市水务局等8家单位授予“优秀小康带头人”称号，并当选为游仙区政协委员。

彭合兵：注重技术创新　服务周边菇农

专家档案

姓名：彭合兵　出生年月：1959.04

工作单位：绵阳市游仙区食用菌产业协会

技术专长：食用菌菌种生产、新技术开发

推荐单位：绵阳市游仙区食用菌产业协会

彭合兵自1987年开始从事食用菌产业，其间进行过平菇、金针菇、毛木耳、香菇、白灵菇、茶树菇、蟹味菇等的制种与栽培；2013年转为生产北虫草至今。

在生产实践中他比较注重创新，经常在传统设备和技术上根据实际情况做一些改造和变通，以提高劳动效率并降低成本。他曾探索珍稀品种空调房室内栽培技术、食用菌液体菌种发酵罐及其应用技术等，进行过大量栽培实验和配方、设备创新，还用物理方法解决了北虫草连续生产两次因环境污染导致大规模烂草的问题。他从1987年开始种平菇，只用了半年普通菌种和常规接种设备，然后就将普通菌种改为了枝条菌种，将接种箱改为组合式接种箱，这在当时是一个跨越式的创举。2005年开始，他根据液体菌种生产实际情况不断对发酵罐设计进行改造升级，到现在种子罐及制种技术日趋完善成熟，给当地和周边农户生产提供了便利和保障。

由于彭合兵在食用菌生产技术上的不断创新，他的技术水平和管理经验得到了同行的认可，成为远近闻名的食用菌土专家，他还多次获得所在乡镇和区政府等单位颁发的荣誉奖项。

韩跃武：
制作优质菌种　服务四方菌农

◆专家档案

姓名：韩跃武

出生年月：1965.04

工作单位：牡丹江市延丰菌业有限公司

技术专长：食用菌一、二、三级菌种的制作及栽培管理

推荐单位：牡丹江市食用菌协会

韩跃武 1987 年学校毕业后，被分配到一家国有制药企业做设备管理工作。韩跃武的父母一直经营着一个小的菌种厂，1999 年父亲意外受伤，那时正值菌种生产的关键时刻，韩跃武毅然放下安逸的工作接替父亲，开始从事菌种的生产和研发工作。当时的菌种生产条件非常简陋，拌料使用大板锹，装袋用手工，灭菌使用水泥大灶，接菌使用酒精灯。在制药企业工作了 10 多年的韩跃武看到这样的条件，心里暗下决心，一定要改变落后的生产形式。

韩跃武从小跟在父母身边，耳濡目染，菌种的制作环节也都知道。然而他接手后，生产中却状况不断，眼看着链孢霉扩散，成品率迟迟提不上去，他心急如焚，于是就跟着工人一起在每一道工序查找原因，最后还是在父

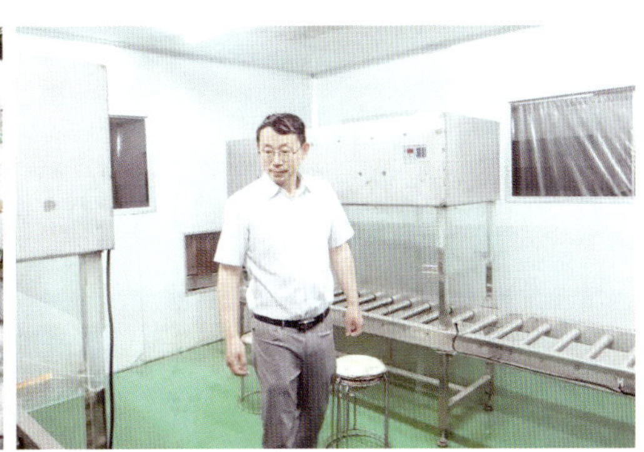

母的指导下完成了这一年的生产。这段经历使他深知缺乏理论知识和实践经验是不行的，于是韩跃武开始系统地学习食用菌的理论知识，并得到了相关专家的指导。

经过几年的摸爬滚打，韩跃武积累了一定的菌种制作实践经验。之后，他组建了牡丹江市延丰菌业有限公司，并陆续购置了拌料装袋机、蒸汽锅炉、高压灭菌柜等先进生产设备，更是把制药企业中的洁净净化技术成功应用于食用菌的接种环节，公司成为拥有年产100万袋标准化菌种的生产厂和2万米^{2}食用菌生产基地的综合型企业。公司选育出性状稳定、抗杂能力强的延丰系列优良菌种，通过了黑龙江省农业委员会专家鉴定，并获优质产品证书，菌种销售到黑龙江、吉林、辽宁、河北、山东、江苏、山西、内蒙古等地。

2014年，海林市光明食用菌合作社想要建设日产4万袋菌包的工厂，邀请韩跃武对厂房布置、设备采购、设备安装、设备调试及后续的生产进行技术服务；这些年他还为北大荒八五四农场、延边兴林生物科技有限公司、汪清珍本堂、海林市悦来颐和等很多企业和个人提供过技术服务。此外，韩跃武还分离选育了黑木耳、猴头菇、元蘑、滑子蘑等优良品种，这些品种为种植户带来了很好的经济效益。

经过20多年的不懈努力，如今韩跃武的菌种生产工厂已经有高大的厂房、一排排的生产线、整洁的生产环境，这也正是他当初进入这个行业时所设想的场景。面对未来，韩跃武愿将这些年总结出来的经验奉献出来，服务于同行，助推食用菌产业更好地发展。

于珍：在不断学习中提升食用菌技术服务水平

◆ **专家档案**

姓名：于珍　出生年月：1972.11

工作单位：交口县韦禾农业发展有限公司

技术专长：香菇等食用菌的栽培技术与工厂化生产管理

推荐单位：交口县农业农村局

于珍从 2003 年开始在河北省平泉县采用家庭模式从事香菇、滑子菇的生产种植，取得了较好的收益。2006 年，在平泉县政府产业政策的推动下，官坟梁村建立了 200 亩香菇基地，聘任于珍担任园区负责人，在他的技术服务和指导管理下，园区香菇种植实现了较好的社会效益和经济效益，给当地农民的创业致富起到了积极的示范带动作用；同年，于珍被平泉县委组织部授予“农村实用技术骨干”“致富带头人”等称号。2015 年 5 月在内蒙古蒙禾源食品有限公司负责技术管理工作，2016 年在河北阜平嘉鑫公司做香菇技术指导，2017 年 11 月至今在山西省交口县韦禾农业发展有限公司负责香菇菌棒工厂化生产及出菇技术管理工作。

在从事香菇等食用菌技术服务和生产管理过程中，于珍十分重视自身专业知识的学习和实践经验的积累。他积极参加行业举办的各种专业知识培训活动，并在 2006 年取得了菌类园艺工初级证书，2012 年取得了菌类园艺工高级证书，2015 年经考核取得二级技师资格证书。通过这些培训学习，更加提高了他的食用菌专业理论水平和实操技巧，为更好地进行技术指导奠定了基础。

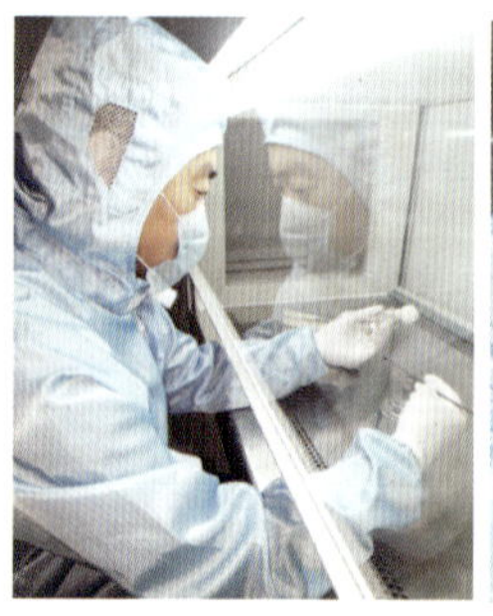

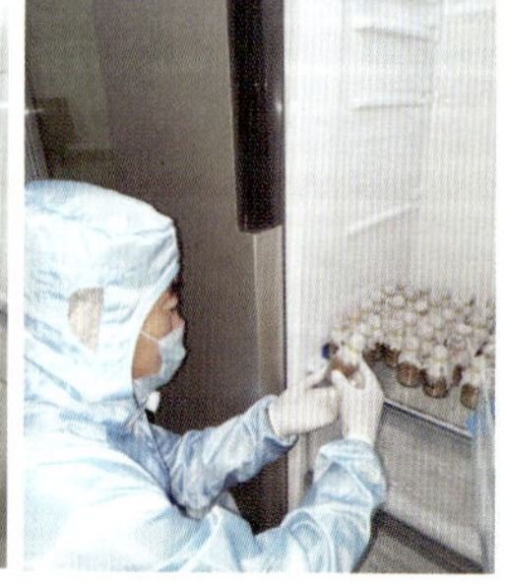

陈能：
致力于优质菌种的生产研发　为种植户增效增收

◆ 专家档案

姓名：陈能　出生年月：1970.04

工作单位：四川省成都市科创菌业有限公司

技术专长：羊肚菌、鸡腿菇、大球盖菇等菌种的选育和制作

推荐单位：大邑县食用菌协会

陈能从事食用菌行业30余年，擅长食用菌菌种制作及各种模式下的栽培技术，对羊肚菌、金针菇、大球盖菇、平菇、鸡腿菇、黑木耳、姬松茸、双孢菇、草菇等菌种深有研究。

1997年陈能开办了大众菌种厂，并经过不断革新，在2008年正式注册成立成都市科创菌业有限公司，致力于食用菌菌种的研发与制作，所销售的各类菌种优质稳定、出菇率高、发病率低，为种植户带来了丰厚的收入，得到了广大种植户的认可。为响应国家精准扶贫号召，陈能于2016年与云南省级龙头企业丽江中源绿色食品有限公司签订了技术合作协议，为当地食用菌种植户提供技术服务。

陈能经常说："每一个成功都不是偶然的，既然选择了披荆斩棘开拓前路，便只管风雨兼程。"如今他又担任大邑县食用菌协会副会长、四川省食用菌协会理事等职务，利用自己的技术专长和市场渠道，带动更多农户共同走上致富道路。

刘海龙：做好食用菌生产种植　带动周边菇农

◆专家档案

姓名：刘海龙　出生年月：1964.04

工作单位：北京海龙种植专业合作社

技术专长：平菇、香菇、榆黄蘑、黑木耳、灵芝等菌种制作及栽培

推荐单位：北京市房山区种植业技术推广站

刘海龙自 1992 年起开始从事食用菌产业，非常注重食用菌生产技术的学习和管理经验的交流积累。2016 年，他报名参加了由北京市农林科学院植物保护环境保护研究所举办的食用菌骨干新型职业农民培训班并顺利毕业，有效提升了他在食用菌菌种生产、菌棒制作、出菇管理、市场营销等方面的技术水平和管理能力。刘海龙善于对各种技术和操作规程进行革新升级，经过无数次的试验生产，将发酵料加短时高温灭菌的生产方法利用到平菇、榆黄蘑等的生产中，达到节约燃气、高产高效的理想效果。

刘海龙还积极参加北京市农业技术推广站等单位组织的各种食用菌生产竞赛，连续荣获 2011—2012 年度北京市食用菌高产高效竞赛平菇组二等奖、2012—2013 年度秋冬茬平菇高产竞赛二等奖、2013—2014 年度秋冬茬平菇高产竞赛三等奖、2014—2015 年度秋冬茬平菇高产竞赛二等奖等，对当地种植户起到了较好的示范带动作用。

结业证书

刘海龙同志：

您参加的由北京市农林科学院植物保护环境保护研究所举办的“2016年食用菌骨干新型职业农民培训班”学习，完成全部课程，准予结业，特发此证。

北京市农林科学院
植物保护环境保护研究所
2016年11月22日

荣誉证书

刘海龙：

荣获2014～2015年度秋冬茬平菇高产竞赛二等奖。

特发此证，以资鼓励。

北京市农业技术推广站
2015年6月

王祖贵：立足食用菌机械发展最前沿 提供多元化成套设备

◆专家档案

姓名：王祖贵　出生年月：1970.04

工作单位：湖北裕山菌业有限公司

技术专长：香菇、黑木耳等食用菌的新品种选育、菌种制作、栽培

推荐单位：宜城市食用菌协会

王祖贵从事食用菌行业近 30 年，对平菇、香菇的种植有很深的造诣，尤其是在华中地区推广的设施大棚自然年三批菌袋出菇技术，给当地农户带来了很大的收益。近年来，以湖北裕山菌业有限公司为载体，共集中培训菇农 5 000 余人次，下乡服务 1 万余人次，免费发放技术资料 1.5 万余份。

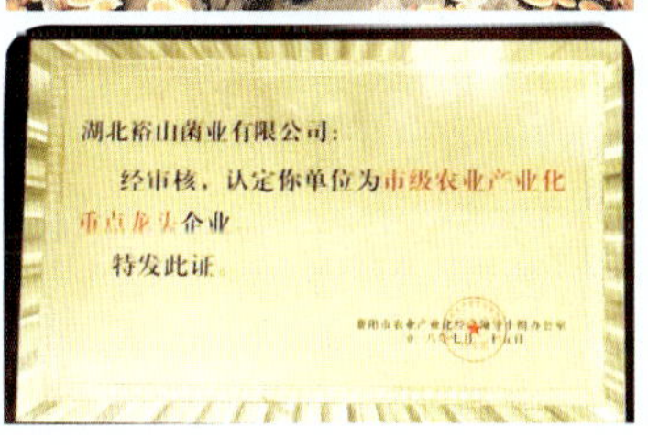

湖北裕山菌业有限公司：

经审核，认定你单位为市级农业产业化重点龙头企业

特发此证

为了推进食用菌产业现代化发展、促进食用菌产业提档升级，王祖贵在食用菌种植过程中，摸索食用菌机械研发，以裕山食用菌机械科研开发中心为平台大手笔投入、大力度创新，先后成功研制了拌料机、装袋机、灭菌炉、灭菌柜、烘干机等各类实用机械。其中高效智能烘干机集成人工智能，全程不需要任何人工干预，处于行业内领先水平；汽化灭菌炉采用反烧技术，多次燃烧，真正做到节能、环保、无烟无尘。从 2005 年至今，他和他的公司已获得发明专利 17 个，正在受理的专利有 12 个。公司如今已成为集菌种生产、食用菌原辅料及食用菌成套设备多元化销售于一体的专业化、全产业链模式企业。

荆朋春：越是艰险越向前　做优做强菌菇业

◆ 专家档案

姓名：荆朋春

出生年月：1962.09

工作单位：黑龙江省塔河县林鑫菌业有限公司

技术专长：黑木耳、松杉灵芝与各种食用菌菌种的驯化、制作及栽培

推荐单位：塔河县农业农村局

荆朋春，男，现任黑龙江省塔河县林鑫菌业有限公司技术总监。荆朋春专业从事食用菌菌种培育及生产栽培 30 多年，熟练掌握了大多数菇类的栽培方法及技巧，成为一名小有名气的乡村菌业专家。

1980 年高中毕业后，荆朋春回到了尚志农村老家务农，开始学习有关食用菌栽培方面的知识，从此，食用菌成了他的爱好和追求。30 多年的职业生涯，使他饱尝了食用菌行业的酸甜苦辣。最初，黑龙江省主要靠椴木栽培黑木耳，产量很低，大面积的森林也因此被毁掉，造成水土流失。这些情况让荆朋春感到，不能再吃光老祖宗留下的森林，并在心里思考：“难道种植黑木耳就只能毁林吗？”正当他困惑的时候，有媒体报道了辽宁省朝阳

市食用菌研究所刘永昶老师发明了用木屑种植黑木耳的技术，这使他欣喜若狂。在父亲的大力支持下，荆朋春赴朝阳市学习黑木耳地栽技术，回乡试种成功后，满怀着一腔热忱，在家乡有关部门的支持下，他成立了黑木耳种植研究所，带动周边农民一起种植地栽黑木耳。在他的带动和帮助下，家乡依托种植黑木耳变富了，乡亲们笑了，政府给予重视了，媒体也进行报道了，他也收获了自己努力的成果。

面对各种荣誉，荆朋春并未安于现状。2002年，他辞去了研究所技术指导的工作，带着家人来到资源丰富的大兴安岭，在林区有利的条件下种植黑木耳和灵芝，大兴安岭林区停伐后，职工收入困难，后来他与林场合作，任菌包工厂技术总监，带领职工共同种植黑木耳增收致富。时至今日，他所任职的菌包厂年产菌包达300万包。

风雨几十年，荆朋春不断追逐产业梦、助推农民发展菌菇产业的事迹得到了广泛认可。1995年，荆朋春被尚志市科学技术协会评为“敢想、敢干、敢科技致富、拓新路标兵”；2017年，荆朋春选送的黑木耳产品被塔河县评为质量评选第一名；2018年，荆朋春被评为塔河县全民创业先进个人。

成功绝不是天赋使然，在通往成功的路上难免会布满荆棘。荆朋春知道，越是艰险越要向前。今后，他将继续不断学习、总结经验，找准奋斗新目标，着力将小菌菇演变成大事业，带领菇农在增收致富的路上迈出更大步伐！

荣誉证书

荆朋春同志：

敢想，敢干，敢富科技致富，拓新路。

荣誉证书

荆朋春同志：

二〇一八年被评为塔河县全民创业先进个人。

特发此状，以资鼓励

张金义：基层菌业好所长　田间地头土专家

◆专家档案

姓名：张金义

出生年月：1950.07

工作单位：河南省开封市食用菌研究所

技术专长：菌种研发及生产，工厂化生产基地建设及管理

推荐单位：河南省老科技工作者协会食药用菌专业委员会

张金义1972年从上海大学毕业后，被分配到河南省通许县生产公司920菌种厂，开始了与食用菌产业的不解之缘。之后他又到通许县菌肥菌药厂担任厂长，带领全厂抓生产、搞研发。20世纪70年代初，他调到通许县生物学会担任秘书长，负责组织全县食药用菌产业的学术和生产技术交流推广工作。1998年，开封市食用菌研究所成立，张金义担任所长，这一干就是20多年。

在几十年的从业经历中，张金义把解决食用菌种植户生产中的实际问题作为每天工作的重中之重，为把科技成果转化为一线生产力，做了很多实实在在的工作。2014年1月，张金义应邀到新乡冀屯开发区利民合作社负责技术指导和生产管理。他放下专家的架子，每天实地蹲点在生产

一线，创建了平菇生产线和智能多功能菇棚，为菇农创造效益100万元左右，使基层农户得到了种菇的实惠，看到了食用菌产业的希望。同时，种植平菇产生了大量的废料，这些废料若不加以处理，会严重污染环境，也容易引起病虫害，平菇的废料如何处理成为当地菇农反映比较强烈、最为头疼的事情。张金义了解到这个情况后，就开始投入精力研究解决这个问题。经过4个月的悉心研究，通过4个试点400头猪的饲养试验证明，种植平菇产生的废料经过加工后用于生猪饲养，既可给当地养殖户增加效益，又可为菇户解决废料处理的难点问题，他的努力得到了当地菇农和相关管理部门的高度认可。现在，菌蛋白饲料用于养殖业的配方和模式还在河南很多地方进行试验推广，必将为繁荣农村经济做出更大的贡献。

作为一名基层食用菌科技工作者，张金义将科技研发和推广普及当作自己毕生的追求。他用回收的雪糕棍制成枝条菌种，不仅减少了菇农的生产成本，转化率还提高了8%；他提纯转化的两个平菇新品种，生产效益比老品种提高20%以上。他几乎每天都深入基层，在田间地头指导生产、讲解技术，累计为上千名农民做过技术培训，培养种菇人员300名以上。作为中国食用菌商务网专家顾问团成员，接到各地菇农的提问时，他利用自己掌握的知识和经验，第一时间给予解答，做到尽职尽责，有时还亲赴现场解决问题。2014年6月，湖南菇友在中国食用菌商务网问答栏目提出一个“平菇在接种萌发后，全部长绿霉应该怎样防治”的问题，经了解现场比较复杂，感染面积比较大，于是张金义和相关科研人员前往湖南郴州指导解决，经过专家和企业的共同努力，彻底解决了平菇绿霉菌感染问题，为企业挽回20多万元的经济损失。

张金义总说，自己就是一名基层食用菌科研爱好者，从业几十年，没做出什么轰轰烈烈的成绩，能把自己学到的、总结出的种菇技术传授给需要的人，能为食用菌产业的发展贡献自己一份绵薄之力，就知足了。但在很多接受过他技术指导和帮助的菇农心中，张金义是活跃在产业一线的好所长，也是大家在田间地头希望看到的种菇土专家！

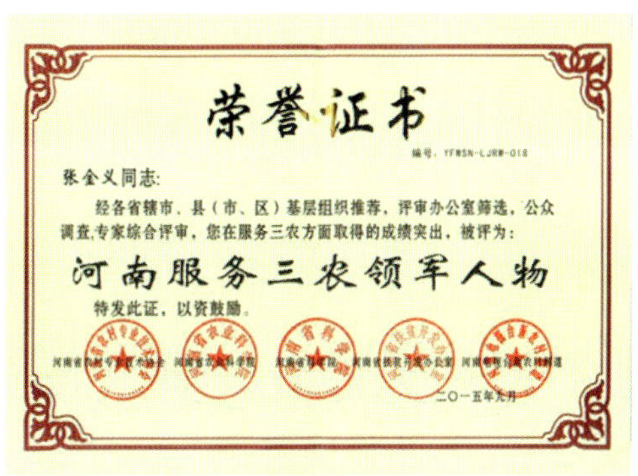

荣誉证书

编号：YFWSN-LJRW-018

张金义同志：

经各省辖市、县（市、区）基层组织推荐，评审办公室筛选，公众调查，专家综合评审，您在服务三农方面取得的成绩突出，被评为：

河南服务三农领军人物

特发此证，以资鼓励。

二〇一五年九月

贾元忠：
学无止境　不断提升食用菌技术服务能力

◆ 专家档案

姓名：贾元忠

出生年月：1974.02

工作单位：陕西万象食用菌有限公司

技术专长：食用菌的菌种制作与栽培，病虫害防治，基地、工厂的规划和技术指导

推荐单位：礼泉县农牧局

贾元忠，1974 年 2 月出生，陕西省汉中市略阳县人，获得食用菌技师证和中药材技师证，现为中国食用菌协会会员、中国菌物学会会员、中国农学会食用菌分会会员、中国食用菌商务网专家顾问团专家、中国中药协会饮片质保委员会委员、中国农村专业技术协会食用菌专业委员会委员。

贾元忠曾在多家单位负责食药用菌的技术研发和技术服务工作。1993—1998 年，先后在陕西省略阳县中坝子乡菌种场、湖南省永州市药用菌研究所、河北省保定市瑞迪生物公司担任技术员，负责食药用菌的生产技术管理。1999—2003 年，先后在湖北省襄樊市丰熙农业公司和江苏省南京市福斯特生物研究所担任技师。2004—2006 年，在广东省深圳市汇康生物公司江西基地

聘　书

LETTER OF APPOINTMENT

兹聘任 贾元忠 同志为中国农村专业技术协会第五届理事会食用菌专业委员会委员。

中国农村专业技术协会
2018年7月7日

担任技术主管。2007—2012年，在浙江省宁波市天禾农业公司担任技术总监。2013年，又转战内蒙古，在漠菇生物科技公司担任技术主管。2014—2015年，在山东省福国菌业科技公司担任技术总监。2016—2018年，先后在浙江天泉莫干山菇业有限公司、江苏日月岛生态农业有限公司、贵州威宁雪榕生物有限公司担任生产经理。2018年下半年至今，在陕西万象食用菌有限公司担任技术总监职务。

从事食用菌生产20多年来，贾元忠辗转服务过多家食用菌生产和研发企业，练就了一身技能和专长。香菇、平菇、秀珍菇、黑木耳、灵芝、天麻等常规大棚栽培出菇，常规食用菌栽培品种母种、原种、栽培种的生产制作，香菇水帘温控大棚工厂化生产，黑木耳规模化栽培，秀珍菇工厂化生产，等等，他都亲身生产实践过。在服务好所在单位食用菌生产管理的同时，他还在工作和学习中不断总结、不断提升，逐渐成长为活跃在食用菌生产一线的土专家。

贾元忠还参与了农业农村部蔬菜精品（食用菌）示范园和龙头企业申报建设的技术工作。2018年7月，他被中国农村专业技术协会第五届理事会聘为食用菌专业委员会委员，他发明的“食用菌栽培架及栽培棚”专利，2019年1月已被国家知识产权局受理。

高玉芹：
专注食药用菌创新研发

◆ **专家档案**

姓名：高玉芹

出生年月：1967.11

工作单位：江西康发生物科技发展有限公司

技术专长：双孢菇、蛹虫草等食药用菌的菌种制作、栽培管理、病虫害防治及产品加工

推荐单位：井冈山农业科技园管理委员会

高玉芹，男，江苏省徐州市丰县人，农艺师。

自 1986 年开始，高玉芹曾先后在丰县绿源食用菌有限公司、日本荒井食用菌种植有限公司（中国涿州）、山东华源食品有限公司、济南天禾菇菜有限公司、山东绿润源食用菌种植有限公司、江西康基源菌业发展有限公司等单位从事食用菌技术指导和管理工作。2017 年至今，他在江西康发农业发展有限公司担任总经理兼技术总监，同时担任江西康发生物科技发展有限公司总经理兼总工程师。

从业 30 余年来，高玉芹主要从事双孢菇、草菇、杏鲍菇等食用菌菌种的定向培育、菌种制作、技术研究推广，光伏食用菌大棚的设计及光伏食用菌栽培管理和技术推广，蛹虫草工厂化生

产规范设计与栽培技术管理，专注于食用菌新品种、新工艺、新技术的研发与创新。2017 年组建康发食用菌生物工程技术研发中心以来，高玉芹和他带领的研发团队研发的项目有改良型蛹虫草培养装置的研究、富硒蛹虫草菌糠饲料制备方法的研究、蛹虫草贮存方法的研究、自动化蛹虫草收割机的研究、蛹虫草高效培育方法的研究、富硒蛹虫草生产过程中封闭连续定量接种方法的研究、集装箱移动式秸秆生物肥（食用菌栽培基质）发酵隧道设计及发酵技术的研究、野生菌松菇和红菇驯化技术的研究。先后申报 5 项实用新型专利和 2 项软件著作权，获全部授权。高玉芹主抓的蛹虫草工厂化生产技术创新及示范获得了中央引导地方科技发展专项资金的支持。

高玉芹长期战斗在食用菌技术推广一线，先后培训菇农及食用菌技术人员近 10 万人次，带出一批市级、省级农业龙头企业。他先后被评为丰县十大杰出青年、徐州市新长征突击手、丰县优秀青年企业家山东省食用菌行业先进个人，荣获山东省邹城市平阳镇政府农业项目特殊贡献奖、沛县龙固镇政府高效农业项目推进奖，并当选山东省食用菌协会常务理事和中国合作经济学会农村合作经济技术专业委员会理事。2019 年，他被中国科学家论坛组委会授予“科技创新创业先进个人”称号。

食用菌事业对于高玉芹来说是一种情怀，更是他人生的信仰。今后，他将更加义无反顾地在食用菌产业道路上走下去，为中国菌业的光明未来奋勇拼搏！

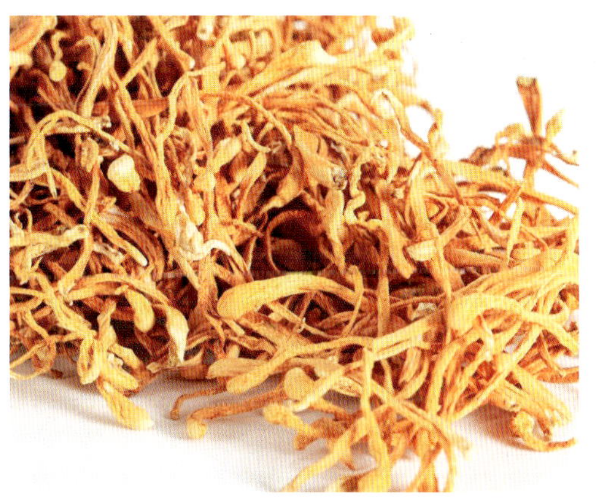

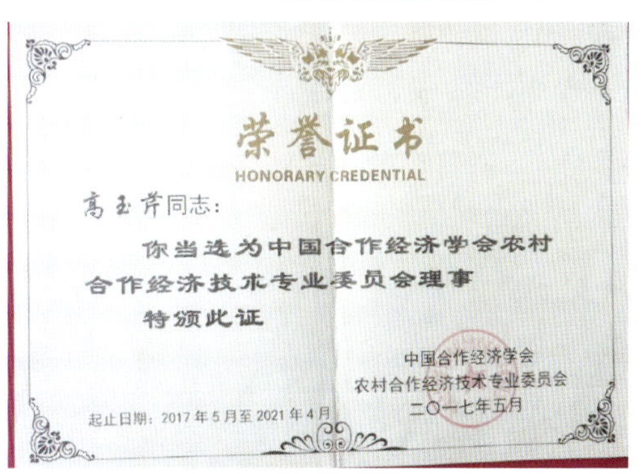

荣誉证书

HONORARY CREDENTIAL

高玉芹同志：

你当选为中国合作经济学会农村合作经济技术专业委员会理事

特颁此证

中国合作经济学会
农村合作经济技术专业委员会
二〇一七年五月

起止日期：2017 年 5 月至 2021 年 4 月

杨满辉：在食用菌产业扶贫路上砥砺前行

◆ 专家档案

姓名：杨满辉

出生年月：1972.12

工作单位：陇南康元生物工程有限公司

技术专长：食用菌菌种的选育、制作与栽培，食用菌深加工技术

推荐单位：康县食用菌开发中心

杨满辉 1972 年出生于甘肃省陇南市康县，工商管理专业硕士，现为陇南康元生物工程有限公司总经理。公司下辖康县和宕昌县两个年产 500 万棒食药用菌菌棒的生产基地和一个康县现代食用菌产业园。他为陇南市食用菌产业扶贫做出了突出贡献，成为陇南市委、市政府表彰的优秀人才，并担负着康县食用菌协会会长和康县返乡创业协会、特色产业协会、农产品流通协会副会长等职务。

杨满辉一踏上社会就和食用菌产业结下了不解之缘，在乡镇工作期间就帮助农民栽培天麻、黑木耳。2014 年，在富民政策的召唤下，他辞职创办了以食用菌制种、栽培示范、科技推广、产品回收、加工销售为一体的陇南康元生物工程有限公司，带动康

县及周边区域发展食用菌产业。杨满辉立足当地林果自然资源丰富和天然无污染的环境，以现代生物技术发展有机绿色食用菌产品，公司组建了自己的技术团队，研发、选育、引进并推广香菇、黑木耳、猪苓、乌天麻、金耳、竹荪、灰树花、大球盖菇等20多个食药用菌品种和丰产栽培技术，栽培中取得了良好经济效益，有力助推了精准扶贫和县市扶贫攻坚战的实施。

杨满辉高度重视技术创新，他组织技术人员经过3年的攻关，掌握了金耳菌种的制种技术和金耳代料生产关键技术，成为企业具有独立自主知识产权的核心技术。生产的菌种具有活力强、出耳快、产量高的特点，除供应本地市场外，还远销陕西、四川、山东及上海等地。2018年在甘肃农产品博览会上，他与北京等地的客户签订了3 000多万元的金耳等食用菌的销售合同，调动了农户种植食用菌的积极性。他组织企业与西北师范大学联合研发的金耳全质营养粉产学研项目，获得第七届中国创新创业大赛（甘肃赛区）优秀奖，并晋级决赛，为金耳产业化发展奠定了良好基础。

为了让更多的农户发展食用菌产业，他组织培训食药用菌栽培学员1 800多人，入园孵化企业和合作社63户，帮扶创办扶贫企业扶贫车间12户，带动200多户贫困户、近2万人从事食药用菌生产。他把延长产业链条、实现加工增值作为带动农民增产增收的重要途径，建成了食药用菌果蔬加工生产线，生产的即食香菇、天麻、山楂、山药、核桃仁系列休闲产品远销全国12个省份。目前企业发展成为集食药用菌制种制棒、冷链贮藏、收购加工、销售贸易为一体的陇南市农业产业化龙头企业，2018年被评为扶贫助农突出贡献企业。创办的食药用菌产业园被认定为省级创业就业孵化基地。

李永坤：
钻研黑木耳栽培技术 服务产业创新升级

◆专家档案

姓名：李永坤 出生年月：1985.11

工作单位：陕西省山阳县特色产业中心

技术专长：黑木耳工厂化制棒及出菇管理技术

推荐单位：山阳县农业农村局

李永坤自2011年开始在牡丹江东宁从事黑木耳种植，其间学习了成熟的黑木耳栽培技术。由于他栽培的黑木耳品质好、产量高、效益突出，在当地小有名气。2017年，被东宁市黑尊生物科技有限公司聘请为技术员，先后指导了东宁、兴源、建三江的3个黑木耳栽培基地（其中在兴源管理53个黑木耳吊袋棚，在建三江管理49个黑木耳吊袋棚），使菌农获得了高收入，使公司得到了高收益。2018年，被陕西省山阳县特色产业中心聘请为技术总监，负责山阳县7个黑木耳园区约1 000万袋黑木耳的技术指导。他制定了详细的标准化工艺操作规程，对工艺技术问题及时进行分析和处理，对相关实验实施跟踪、分析和技术总结，从而达到了较高的产量和品质，受到了山阳县政府和企业的好评。

通过不断地学习总结，李永坤具备了丰富的黑木耳生产管理经验和过硬的技术，经他指导的黑木耳生产企业和基地，产量、品质得到了保证，产业模式得到了创新，他在黑木耳栽培技术指导和服务上所取得的成绩也得到了有关专家的认可和肯定。

徐留喜：做一名毛木耳产业的合格基层科技工作者

◆ **专家档案**

姓名：徐留喜　出生年月：1966.09

工作单位：山东省鱼台县东珠菌业有限公司

技术专长：毛木耳、平菇、鸡腿菇、草菇、羊肚菌等的菌种制作及生产管理技术

推荐单位：鱼台县农业农村局

徐留喜擅长毛木耳、平菇、香菇、金针菇、羊肚菌等的菌种和发酵料制作，对菌棚建设、食用菌生产和管理也有较深厚的理论储备和充足的实践经验。他先后撰写完成了《毛木耳疣巴病产生的原因和预防措施》《毛木耳菌种因地制宜选育办法》《毛木耳菌螨虫和线虫预防和防治措施》《毛木耳配料和产量质量关系分析》《大棚毛木耳与产地气候调节》《毛木耳排袋方式与产量质量的对比分析》《羊肚菌露天高产技术研究》《香菇优质高产技术研究》《金针菇高产与水分的关系分析》《平菇高温高产技术研究》等文章，系统总结了毛木耳等食用菌品种的生产管理技术和高产增效方法，为菇农的生产提供了一定的理论依据和参考。

数十年来，他多次受邀为菇农进行技术培训。2004年创立鱼台县东珠菌业有限公司，为全国各大基地和邻近县（市、区）种植户提纯优化毛木耳、平菇、鸡枞菌、香菇、金针菇、羊肚菌等各种食用菌的母种、原种、栽培种280万袋（支），并免费上门进行技术指导，带领乡亲们踏上了脱贫致富之路。

陈啸天：
立足职教沃土　助推菌业发展

◆专家档案

姓名：陈啸天

出生年月：1983.03

工作单位：河北省围场满族蒙古族自治县职教中心

技术专长：食用菌液体菌种发酵工艺、固体菌种生产工艺，黑木耳田间管理技术

推荐单位：河北省承德市围场满族蒙古族自治县农业环保站

陈啸天，男，中共党员，2007年毕业于河北科技师范学院植物保护专业，2009年至今在河北省围场满族蒙古族自治县职教中心从事农林专业课教学工作和黑木耳技术推广工作，现为中国食用菌产业联盟专家库成员、中国乡镇企业协会食用菌产业分会会员、河北省食用菌协会会员、承德市科技协会会员、围场满族蒙古族自治县黑木耳产业协会会员。

作为一名农林专业课教师，在完成教学任务之外，陈啸天不断深入农村学习并指导农业生产实践，利用各种途径将自己的学识和经验传递到农户的手里。2011年，他结合职业教育发展方向和围场的农业实际，自筹15万元在学校内部建成围场职教中心现代农业科技示范基地，供学生实习实训和新技术的试验及推广，先

后将黑木耳种植等多项新技术在全县推广，深受广大农户的信赖和支持。几年来，他在围场推广黑木耳种植技术并取得了可喜成绩，首次将液体菌种发酵工艺引进围场，得到了广泛应用。他在全县推广黑29、998-7、黑威伴金、黑威15、青十、新世纪、小青碗等优质黑木耳菌种，种植面积达到800亩以上，亩均纯效益达到8 000元以上；推广黑木耳地栽技术、棚室立体吊袋技术、林下地栽新技术等多项黑木耳种植模式；累计培训黑木耳专业技术人员达1 000人次。

2012年，陈啸天被评为河北省职业指导先进个人，他没有自喜，而是更加刻苦努力地做好科研和教学工作。他在送教下乡和帮扶贫困村的工作中了解到，群众对发展黑木耳种植业的积极性很高，围场部分农民通过种植黑木耳实现了致富的梦想，但是大多数种植黑木耳的农户由于技术和菌种等因素暴露出很多问题，造成很大的经济损失。他非常着急，看着农户用微薄的收入经营着这份大风险行业，他决定要为农民分担这份风险，解决他们的后顾之忧。在学校的大力支持和帮助下，他牵头成立了“三农”服务中心，建立了黑木耳菌种繁育基地，对围场40余户黑木耳种植户及意向种植户进行专业理论培训，收到了极好的效果。几年间，他推动成立围场黑木耳菌包生产企业5家、黑木耳专业种植合作社10余家，年生产菌包1 000多万袋，带领种植户年种植黑木耳500多万袋，为生产企业和种植户创造经济价值1 000余万元。他还组织成立了围场满族蒙古族自治县黑木耳产业协会，为全县黑木耳产业发展提供了行业规则，促使产业健康发展。

陈啸天在工作中始终坚持以科技创新为突破，经常参加省、市、县组织的科技创新大赛，还在“正大杯”寻找食用菌行业“最美人物”系列评选活动中被评为“最美技术员”。他创办了围场满族蒙古族自治县食用菌研发中心1处，申报国家专利技术1项（电动黑木耳采摘机）；注册了“塞罕御耳”“曼甸林元宝”商标，取得了很多研究成果。

作为一名职业教育专业课教师、一名年轻的驻村干部，陈啸天在职教这片沃土中不断学习、不断创新，推动着围场职业教育和食用菌事业快速发展，为围场打赢脱贫攻坚战做出了突出贡献。

荣誉证书

陈啸天 同志：

被评为2011年度河北省中等职业学校职业指导工作

先进个人

河北省教育厅
职业教育与成人教育处

河北省职业技术教育学会
德育与职业指导工作委员会

二〇一一年十一月

王魁：做好食用菌生产引领　解决农村就业难题

◆**专家档案**

姓名：王魁　出生年月：1966.03

工作单位：辽宁清原民合食用菌专业合作社

技术专长：香菇菌包生产、栽培及加工

推荐单位：辽宁省食用菌协会

王魁，辽宁清原人，2012 年投资组建清原民合食用菌专业合作社，发展社员 157 人，投入股金（注册资金）400 万元，从事香菇技术科技引领与示范工作。为做好食用菌的生产技术指导，他先后参加了沈阳农业大学、辽宁农业职业技术学院及抚顺农业学校举办的食用菌栽培技术培训班，系统掌握了食用菌及微生物相关的专业知识及香菇菌包制作、栽培、加工的全生产链工艺流程并应用于生产实践。他带动合作社成员进行香菇产业化发展，按照标准化、机械化、专业化、信息化引领及指导社员规范化、精准化生产，创新了伏季层架香菇栽培技术，取得了较好成效。

王魁在带动及指导合作社成员发展的同时，也解决了农村剩余劳动力 230 人就业，并帮助及指导本村及相邻村 30 余户贫困户脱贫而走上致富道路。合作社目前香菇产品年烘干及储藏能力达到 300 吨以上，香菇干（鲜）品获得了国家有机产品认证证书，销售网络遍及全国各地，实现年产值 1 800 万元。王魁的合作社是抚顺市食用菌产业龙头企业，2014 年被评为辽宁省省级示范社，2018 年被评为国家级示范社。

许万昌：
凭借种菇一技之长　带富周边一方百姓

◆专家档案

姓名：许万昌　出生年月：1962.01

工作单位：聊城市东昌府区万昌食用菌专业合作社

技术专长：平菇栽培及菌种制作

推荐单位：聊城市食用菌协会

1981 年，许万昌前往上海、福建古田等地学习食用菌栽培与制种技术，学成归来后成为聊城市食用菌生产的主要开拓者、奠基人之一。他先后种植过银耳、平菇、灵芝、鸡腿菇、毛木耳等，唯独对平菇情有独钟，根据自己多年的实践经验总结撰写了《规模化高效栽培平菇实践经验》《无棉籽壳基质配方高效栽培平菇的利弊》《平菇非常规栽培技术的运用及其注意事项》等多篇论文，并在行业权威期刊上刊登。许万昌还通过微信公众号等新媒体平台发表原创技术文章 30 多篇，免费向菇农传播先进技术。

许万昌多次在各地举办的培训班上为菇农及贫困户进行技术培训，凭借自己在食用菌种植上的一技之长，带富了周边的一方百姓。他的先进事迹多次被聊城电视台、山东电视台等媒体宣传报道。他被评为东昌府区乡村之星，还被选为聊城市第九届人大代表。

何臣洲：
提倡全新消毒理念　保证食用菌产品安全

◆ **专家档案**

姓名：何臣洲　出生年月：1970.06

工作单位：古田县中和生物技术开发有限公司

技术专长：食用菌消毒杀菌及病虫害防治技术

推荐单位：古田县食用菌协会

何臣洲，1970 年 6 月出生于中国食用菌之都——古田县。他 1987 年开始参与第一代食用菌消毒产品生产、销售工作；1993 年开始参与第二代二氯异氰尿酸钠对食用菌菌室和环境消毒的烟剂产品研发；2004 年开始从事消毒剂和食用菌基质营养的研究和改良推广工作；2013 年创办古田县菌都天成食用菌合作社，助力于消毒剂和食用菌菌肥的实验及推广；2018 年创办古田县中和生物技术开发有限公司，主要研究、生产和销售食用菌消毒剂、杀菌剂、杀虫剂以及食用菌专用肥等产品。

何臣洲多年来致力于食用菌生产过程中改善培养基配方和基质转化吸收的研究，成功进行了“蘑金”消毒剂、杀菌剂、杀虫剂和“蘑金”酶、“蘑金”肽等食用菌营养素的开发应用。针对食用菌接种时空间和菌棒的消毒杀菌环节，何臣洲提倡“关爱健康、科学用药”的全新消毒理念，在食用菌消毒杀菌和病虫害防治方面积累了丰富的经验，并经常义务为种植户提供食用菌栽培技术指导和培训工作。

崔红艳：
引领当地香菇产业化发展　助推乡村振兴

◆ **专家档案**

姓名：崔红艳　出生年月：1970.05

工作单位：辽宁清原民合食用菌专业合作社

技术专长：香菇菌包生产、栽培及加工

推荐单位：辽宁省食用菌协会

崔红艳，辽宁清原人，1996年开始从事香菇技术科技引领与示范工作，先后在清原北三家林场、新宾食用菌合作社等多家新型农业经营主体做食用菌技术指导工作。她通过自学及参加辽宁省各级政府、相关单位举办的食用菌技术培训班，系统掌握了食用菌及微生物相关专业知识及香菇菌包制作、栽培、加工的全生产链工艺流程并应用于生产实践。

2012年11月至今，崔红艳在辽宁清原民合食用菌专业合作社担任香菇园区技术总监，全方位进行香菇标准化栽培技术及层架香菇栽培模式引领与示范技术指导，累计指导合作社生产香菇菌棒1 800万包，成功率达到99.8%。她带动合作社成员进行香菇产业化发展，创新了伏季层架香菇栽培技术，按照标准化、机械化、专业化、信息化引领及指导社员规范化、精准化生产，取得了较好成效，以点带面辐射各地区，推动了抚顺市及辽宁省食用菌产业化发展，成为乡村技术实战专家，在助推乡村振兴中起到了较好的科技带动作用。

郭庆柱：
脚踏实地做菌业　无私奉献助脱贫

◆专家档案

姓名：郭庆柱

出生年月：1978.07

工作单位：天津市宏胜源食用菌科技发展有限公司

技术专长：茶树菇、香菇、黑木耳、银耳、灵芝等食用菌的栽培

推荐单位：天津市食用菌协会

郭庆柱，男，天津市滨海新区中塘镇人，农艺师，现为天津市宏胜源食用菌科技发展有限公司总经理。10 年前，郭庆柱看准了食用菌种植领域，并开始摸索在盐碱地上种植食用菌。经过几年的努力，他的食用菌事业有了一些起色。于是，他扩大了种植规模，增加了新的品种，带动更多当地村民一起致富。

2010 年，郭庆柱申请成立了天津市宏胜源食用菌科技发展有限公司，建成了工厂化茶树菇智能生产温室、菌种生产车间，形成了集生产、保鲜、加工、销售于一体的现代农业珍稀蕈菌生产基地，用蕈菌工业化、规模化、集约化、规范化周年生产，绿色高效培植，鲜品保鲜，菌糠再利用等产业化集成技术示范，打造天津市茶树菇珍稀蕈菌产业工厂

化生产龙头企业。为了让更多人参与进来，他积极引导科技农业，帮助周边农户致富增收，顺应国家政策形势，于2011年年底积极筹建并成立了天津市誉农作物种植专业合作社，吸收成员107名，进一步促进了农户增收致富。2013年，利用国家、天津市、滨海新区的自然、金融、信息、政策及市场等资源，郭庆柱在中塘镇兴建了现代化农业食用菌产业园区，带动了周边经济，实现了产业园生态效益、经济效益和社会效益的全面协调发展。

2011年，郭庆柱被评为滨海新区大港十佳青年新农村创业致富带头人，其公司被评为中塘镇2011年度先进农业龙头企业。2012年，他围绕着食用菌产业研发了5项实用新型专利，荣获“天津滨海新区大港第一届十杰百家”称号；同年，公司荣获2012—2013年度滨海新区大港两新组织团建工作突出贡献奖。2014年，郭庆柱被授予“首届天津市农村青年致富带头人”“天津市乡村好青年”称号，其公司被天津市农村工作委员会授予金农奖。2015年，公司被滨海新区中塘镇人民政府、中共滨海新区中塘镇委员会评为年度农业发展先进单位及年度科技创新先进单位。2016—2018年，公司被天津市工商局评为天津市重合同、守信用单位；产品荣获“天津市知名农产品品牌”称号并获全国百佳农产品品牌奖、全国农村创新创业创意项目大赛优秀奖等奖项。2010—2019年，他和他的团队共获得实用新型专利20项。

作为一名地地道道的农民，郭庆柱依靠国家对现代农业的扶持政策，大力发展现代食用菌产业，不仅实现了自己的愿望，也帮助众乡亲奏响了增收致富的欢曲。

荣誉证书

郭庆柱 同志：

被认定为2014年天津市“乡村好青年”

特颁此证！

共青团天津市委员会

二〇一四年十一月

聂林富：扎根基层
把文章写在助力黑木耳产业脱贫的黑土地上

◆ **专家档案**

姓名：聂林富

出生年月：1962.01

工作单位：黑龙江省林口县食药用真菌研究会

技术专长：黑木耳及菇类的野生菌株分离、繁育技术研发、科技培训与推广

推荐单位：林口县食用菌产业发展办公室

聂林富，现任黑龙江省林口县食药用真菌研究会会长，高级农艺师，享受黑龙江省人民政府特殊津贴，曾被中央精神文明建设指导委员办公室、财政部、中国科学技术协会及黑龙江省委组织部等授予“全国食用菌科技致富大王”“科技致富专家”“科技致富能手”“全国科普惠农兴村带头人”“全国农村科普工作先进个人”“全省农村优秀实用人才”等称号，是黑龙江省内外知名的实战型食用菌专家。

1982 年以来，聂林富始终在从事食用菌科研、食用菌液体和固体菌种制作，以及各种科学管理新技术培训、推广工作。1990 年，他注册成立黑龙江省林口县食药用真菌研究会，下设高标准菌种分离、繁育、生产基地，食用菌高新技术培训基地，食用菌

科普示范基地，信息化办公室等机构。目前，研究会已研发出优质高产黑木耳及菇类新品种18余种，食用菌栽培新技术、新方法及国内外首创技术、国家发明专利达30多项；聂林富在全国各地共举办食用菌新技术培训班1 200余期，培训食用菌技术骨干8.8万余人；他在各地建立食用菌科技示范户16 000余户、示范基地50余所，发展会员及食用菌种植户3.6万人，仅黑木耳栽培就累计达60亿袋，生产优质干黑木耳45万吨，产值达240亿元。

聂林富发明的利用废旧树叶、玉米芯、豆秸秆等原料栽培黑木耳及食用菌高产技术、食用菌菌袋拧结通氧封口新技术、食用菌立体吊袋菌丝培养新技术、立体串袋栽培黑木耳及食用菌高产新技术等，均属国内外首创技术。这些新技术在全国各地产生了巨大的经济效益、社会效益和生态效益。在积极推广实用先进技术的同时，他还利用微信、网站、直播等平台，每天免费为全国各地菌农答疑解难，为食用菌栽培户提供产前、产中、产后技术服务。为了使当地菌农的产品顺利销售，他在国家商标总局注册了“东北林富牌”商标，统一品牌销售，还经常通过网络电商平台等大力宣传林口县及牡丹江市的食用菌产品。

为了使全国各地菌农及食用菌爱好者真正地通过黑木耳栽培快速发家致富，聂林富整理了30余年的实践经验和创新技术，编著了适宜南北方栽培的《黑木耳代料栽培致富》一书，于2007年由金盾出版社出版并销往各地；他起草的《无公害黑木耳栽培技术规程》和《滑子蘑栽培技术规程》，已由牡丹江市质量技术监督局发布实施，为该地区及国内外黑木耳及菇类栽培者提供了先进的技术指导，对普及黑木耳及菇类新技术、提高广大农民科技水平及收入做出了重大贡献。

从业30多年来，聂林富始终扎根基层，把文章写在助力黑木耳产业脱贫的黑土地上，用坚实足迹记录了东北黑木耳及菇类的辉煌发展历程。

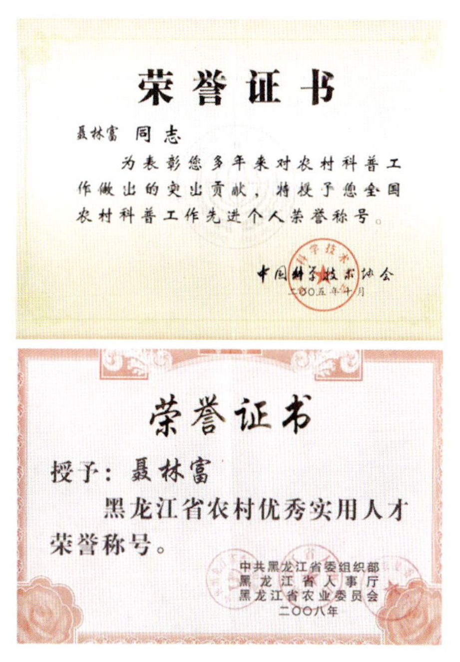

荣誉证书

聂林富 同志

为表彰您多年来对农村科普工作做出的突出贡献，特授予您全国农村科普工作先进个人荣誉称号。

中国科学技术协会
二〇〇五年十月

荣誉证书

授予：聂林富

黑龙江省农村优秀实用人才荣誉称号。

中共黑龙江省委组织部
黑龙江省人事厅
黑龙江省农业委员会
二〇〇八年

李辉：
躬耕菌菇领域　谱写不凡人生

◆专家档案

姓名：李辉

出生年月：1980.08

工作单位：西藏泽西生物科技有限公司

技术专长：金针菇、灵芝、杏鲍菇等食用菌的工厂化袋栽生产技术、工厂化厂房设计、设备调试、员工培训及生产技术指导

推荐单位：曲水县农牧局

李辉，男，汉族，出生于1980年，河南省鹤壁市人，现任西藏泽西生物科技有限公司生产厂长兼技术总监，从事本地野生灵芝生产及技术推广管理工作。

2002—2006年，李辉主要从事姬菇、平菇、秀珍菇等品种的大棚种植。2006—2008年，随河南省鹤壁市农业科学所老师在河南鑫源生物科技有限公司种植金针菇和杏鲍菇，担任生产车间主任，负责出菇管理工作。2008—2009年，就职于山东潍坊林海生物科技有限公司，负责工厂化金针菇的菌包生产及大棚草菇出菇生产工作。2009—2010年，受聘于大连汇丰农业开发有限公司，负责从菌种分离到菌包的生产管理工作。2010—2011年，在内蒙古鄂尔多斯沙海菌业任职生产副厂长，负责金针菇的全流程生产。

2011—2012 年，任职于福建福州兴荣生态农业科技有限公司，负责金针菇出菇管理工作。2012—2013 年，就任于江苏徐州逸群食品有限公司，受聘为生产厂长，负责金针菇、秀珍菇、杏鲍菇的全面技术及生产管理工作。2013 年至今，在西藏泽西生物科技有限公司任生产厂长兼技术总监。

通过十几年的一线工作实践，李辉总结出了一套包括厂房设计施工、生产设备安装调试及一线员工技术培训等在内的较为合理的实施方案。结合生产实践，制定了从菌种分离、提纯复壮到母种、原种、栽培种制作再到出菇的技术操作规程，整个工艺流程切实可行。在年复一年的生产实践中，他对金针菇、姬菇、秀珍菇、灵芝的栽培技术尤为擅长，在控制菌种及出菇基质污染率方面总结了较深刻的心得体会，在出菇管理上针对产量低、质量差的问题也摸索出了独到的解决方案。在福建、江苏任职技术岗位期间，解决了金针菇污染率高达 95% 以上的严重问题。2018 年，成功完成了白肉灵芝品种野生驯化和示范种植，面积达 30 余亩，并完成了高原白灵芝品种的规模化推广栽培。2019 年，他推广庭院种植白肉灵芝品种，惠及当地 20 余户贫困农牧民，助力贫困户科技脱贫。他还参与了西藏自治区农牧科学院《白灵芝菌种生产技术规程》的制定，编写了《关于白肉灵芝菌种退化、老化、变异的问题浅析》。

每个时代，都有勇立潮头、奋楫扬帆的创业先锋；每个行业，都有甘于平淡、坚守岗位、默默无闻的奉献者。对于李辉来说，与菌结缘是他一生最高兴的事。风雨岁月，李辉克服了极端严寒、高原反应等种种艰难条件，义无反顾地扎根在西藏。他顶着风雪，冒着寒冷，将一腔热血洒向高原菌业，助推产业发展壮大，用行动诠释着对产业发展的追求及责任担当，绘下奋斗人生的华丽画卷。

宋益胜：勇于创新
带动我国食用菌栽培模式提档升级

◆专家档案

姓名：宋益胜

出生年月：1978.05

工作单位：山东富邦菌业有限公司

技术专长：双孢菇的菌种制作与栽培技术，产业化发展与运营

推荐单位：莘县农业局

宋益胜，山东省莘县人，山东富邦菌业有限公司总经理，莘县第十六届人大代表和第十七届人大常委会委员。他研发的“可控式空调菇房”获得国家新型技术发明专利，参与起草的《双孢菇周年化栽培配套技术》中的成果被鉴定为国内领先技术；他先后被授予“莘县十大杰出青年”“莘县劳动模范”“聊城市劳动模范”“山东省优秀科技特派员”等荣誉称号；他所创办的企业取得“山东省龙头企业”“高新技术企业”“山东省食用菌行业优秀企业”等称号。

1998年，宋益胜从菏泽农业学校毕业，被分配到政府机关工作，可他却对食用菌种植情有独钟，不顾家人的反对，毅然决然地辞掉了“铁饭碗”，选择回村子里创业，这一干就是20多年。

2002年，宋益胜带着公司员工到中国双孢菇栽培技术发源地——福建漳州考察学习。考察结束后，他将学到的双孢菇二次发酵和层架式栽培新技术毫无保留地向村民们推广。2007年，宋益胜创办了山东富邦菌业有限公司，决定引进更前沿的创新技术，发展自己的食用菌产业。于是他远赴荷兰学习双孢菇生产先进技术，再次发现了“新大陆”——一种通过恒温设备实现双孢菇四季栽培的生产模式。学习考察回来之后，他开始尝试研制新型大棚，如今，他研发的新型食用菌大棚——周年化高效节能出菇棚已经取得国家发明专利授权，该棚采用全镀锌钢架，投资成本低，使用周期达10年以上，使用地源热泵一体机自动控制菇棚环境，适于多菇种四季栽培。

宋益胜能取得成功，主要还是得益于他的坚守与执着。经过不懈努力，现如今他在食用菌菌种生产、双孢菇发酵料制作、菇棚建设、出菇管理、食用菌营销等方面，特别是在双孢菇产业化发展、全产业链运营技术、市场实践方面积累了丰富的实战经验。他依靠发明专利“周年化高效节能出菇棚”及“大料场+小菇房”创新模式，在全国建设周年化出菇棚6 000座，从乡镇到全县、从省内到省外，带动着我国食用菌技术的提档升级。

宋益胜是一名乡村菌业专家，更是一位有担当的企业家。多年来，宋益胜和他创办的公司从产业帮扶、人员培训、技术服务、人员聘用四个方面开展产业精准扶贫，对440多人次贫困户进行食用菌种植、管理技术培训，安排就业岗位100多个，带领周围6个贫困村的200多贫困人口彻底脱贫。

经过20多年的坎坷创业之路，宋益胜从一个有抱负的青年成长为一名行业领跑者，取得了事业上的成功。当下，他仍在用自己的实际行动践行着生命的价值，为食用菌产业兴旺和地方经济振兴而奋斗着。

荣誉证书

宋益胜 同志被评为“2013年度聊城市优秀科技特派员”，特发此证，以资鼓励。

聊城市科技特派员工程领导小组
二〇一三年十二月

神农中华农业科技奖
证 书

为表彰在我国农业科学技术进步工作中做出突出贡献的获奖者，特颁发此证书，以资鼓励。

成果名称：秸秆、果枝高效生产食用菌及产后高值化利用
奖励等级：二等奖
获奖者单位：莘县富邦菌业有限公司
获奖者姓名：宋益胜（第14完成人）
身份证号码：372523197805105731

证书编号：KJ2017-R2-043-14
2017年11月17日

石灵水：致富不忘乡里人　带领群众奔小康

◆ **专家档案**

姓名：石灵水

出生年月：1967.08

工作单位：嵩县野胡沟食用菌种植农民专业合作社

技术专长：黑木耳、灵芝的栽培

推荐单位：嵩县农业局

在河南嵩县，一提起野胡沟食用菌种植农民专业合作社的石灵水，人们都竖起大拇指交口称赞。

石灵水出生于 1967 年，他的家乡嵩县环境好，水质也好，昼夜温差大，特别适宜黑木耳及其他食用菌种植。石灵水经过多次外出考察，了解到好环境能带来好品质，好品质自然能卖出好价钱，于是他决定在自己的家乡开展黑木耳等食用菌的种植。刚开始的两年，由于技术掌握得不透，对市场的需求了解也不够，石灵水走了不少弯路。但是面对失败和困难，他没有气馁、没有退缩，始终坚定发展食用菌产业发家致富的信心。功夫不负有心人，经过几年的探索和发展，在有关专家的指导下，石灵水的食用菌事业走上了正轨，技术成熟了，产量稳定了，也获得了不错

的收入。

石灵水常说："一人富不算富，大家富起来才是真正的富裕。"2016年，石灵水积极响应国家的扶贫号召，在"村两委"的大力支持下，申请成立了合作社，一方面让贫困群众到基地打工，另一方面贫困户可以投股到合作社参与发展食用菌产业，年底还能分红。合作社流转土地20亩，种植有机黑木耳、羊肚菌、香菇、灵芝等食用菌，产品在网上和市场上的销售供不应求，取得了较好的收益。石灵水心系群众，扶贫攻坚，克难奋进，为当地的脱贫摘帽做出了积极贡献。

经过多年的潜心研究和生产实践，石灵水在黑木耳等食用菌的栽培方面积累了丰富的经验，也在该领域取得了一些研究成果，还多次获得相关奖项。野胡沟食用菌种植农民专业合作社生产的食用菌产品多次代表县、镇在省内外参展，受到消费者的普遍欢迎。2019年，石灵水在家乡嵩县带动发展黑木耳及其他食用菌100多万袋，合作社被嵩县政府和德亭镇政府评为嵩县十佳带贫企业和德亭镇先进带贫企业，石灵水在2019年10月被河南省食用菌协会评为河南省食用菌优秀人才，同时荣获万商联盟洛阳最佳生态菌类种植园冠军奖。

王永田：
脚踏实地做菌业　立足本职谋创新

◆专家档案

姓名：王永田

出生年月：1967.03

工作单位：河南省卢氏县兴农菌种厂

技术专长：香菇、黑木耳、猴头菇等食用菌的菌种制作、新品种培育研发和栽培

推荐单位：卢氏县菌业生产管理办公室

王永田，男，1967年出生于河南省三门峡市卢氏县，农艺师，现任卢氏县兴农菌种厂厂长、卢氏县五里川兴农菌业合作社董事长。

1983年高中毕业后，王永田进入食用菌学校学习食用菌育种、栽培、菌种制作技术。1984年，在卢氏县磨口乡创办该乡第一家菌种厂，一边生产菌种，一边给该乡农民培训黑木耳椴木栽培技术，3年内基本给该乡全面普及了黑木耳栽培技术。1987—1993年，在五里川农业技术学校菌种厂任厂长，先后对制种技术及天麻栽培技术进行了创新，首创了将菌种瓶改为菌种袋的应用，将河南省的菌种生产进行了革新，天麻有性试栽也喜获成功。

从业30余年，王永田在食用菌栽培技术推广、品种特性研究、良种繁育、原种及栽培种生产销售、食用菌工艺精良技术创新等方面多有心得。怀着一颗传播菌菇技术的热忱之心，先后举办了黑木耳、香菇、天麻、羊肚菌等栽培技术培训班上百次，培训上万人，手把手现场指导，解决菌农疑难问题。2004 年，培育出了适合目前市场需求的优良品种香菇 31 号，不仅很快在卢氏县得到了普及，而且在河南大部分地区和陕西、山西、山东、四川、湖北、河北、辽宁及天津等地也得到了用户的好评，并享誉韩国及非洲等地。在生产实践中，为解决菌种袋的微空难题，2010 年尝试用两层袋制作菌种，提高成品率的同时也给菇农带来了方便和效益，更重要的是给菌种质量提供了又一个保障。

卢氏县贫困人口较多，为让贫困户直接受益于技术成果，2016 年王永田带领 10 户贫困户创办了卢氏县五里川兴农菌业合作社，给广大贫困户起到了示范带动作用。2017 年所在的卢氏县兴农菌种厂晋升为卢氏县唯一一家二级菌种厂，原种、栽培种深受广大菇农欢迎，业务量不断增加。

王永田始终以爱岗敬业、爱业如家、爱菌如子、爱菇农如亲人的态度对待本职工作，在平凡的岗位上所展现出兢兢业业、默默奉献的精神也得到了多方赞赏。1992 年，王永田被三门峡市共青团、市科学技术委员会授予“青年星火带头人”称号；2015 年，入选三门峡市委组织部、市农业局农村优秀实用人才；2017 年，被河南省食用菌协会评为食用菌行业先进个人。在今后的菌业生涯里，王永田将继续秉承着“脚踏实地做事，奋勇向前拼搏”的精神，为当地及全国食用菌产业的发展献策出力。

史国平：
菇农心中的实战型专家

◆ **专家档案**

姓名：史国平

出生年月：1963.10

工作单位：河南省西华县绿富食用菌技术培训基地

技术专长：平菇、香菇、黑木耳、双孢菇、大球盖菇等食用菌的高产种植技术

推荐单位：西华县食用菌协会

史国平，生于 1963 年，农学专业，现任河南省西华县食用菌协会会长、河南省西华县绿富食用菌技术培训基地老师、中国食用菌商务网专家团成员。

从业 30 多年来，史国平一直从事食用菌种植与技术研究，擅长平菇、香菇、黑木耳、双孢菇、大球盖菇、姬松茸等食用菌的技术研究，积累了丰富的栽培和管理经验，先后被多地邀请开展食用菌技术普及、推广专题讲座，并荣获“全国星火带头人”“农业好能手”“劳动模范”“农村致富带头人”“杰出青年人物”等荣誉称号。

1983 年毕业后，史国平曾在河南省农业科学院食用菌真菌研究所任职，从事食用菌生产研究。1984 年，在河南省农业科学院微生物研究所真菌试验

场学习深造。1986年，在郑州市二七区齐礼闫乡辅导食用菌生产。1987年，在郑州市金水区陈寨村指导食用菌生产。1989年，被西华县红花镇政府多种经营办公室聘为食用菌技术员，指导地方食用菌生产。2000年，协助西华县农业局、西华县科学技术协会开展地方食用菌技术升级工程。2006年，联合发起创办西华县食用菌协会，并担任会长职务。2011年，被聘为西华县绿富食用菌技术培训基地老师。2017年，被吸收为中国食用菌商务网专家团成员。2018年，被聘为中菌菇香（西华县）食用菌家庭农场技术总监。

史国平在西华县绿富食用菌技术培训基地担任老师期间，坚持实践为主、理论贯穿，让学员在做中学、学中做，保证了学员在后期生产中的成功率。通过系统的培训和专业的学习，学员们对食用菌新技术的应用更加熟练。结合当地的农牧业资源和市场消费需求，史国平因地制宜地打造特色生态食用菌产业，带动当地农民脱贫增收，助力乡村振兴。他还对毕业的学员进行跟踪技术升级、创业就业帮扶。史国平通过开展技术培训，向全国食用菌创业者传授新技术、新模式，使1 792位农民朋友直接受益，学员学成回乡后，共创立105家合作社、46个家庭农场，间接带动近2万人就业增收。

近几年，随着国家对乡村生态建设、乡村振兴的推进实施，史国平通过升级技术，结合新农业发展需要，又开展了“食用菌＋农业”生态循环、“林地＋食用菌”融合增收、“蔬菜＋食用菌”轮作增效等创新应用技术，为农民就业创业、增效增收，为乡村生态建设、乡村振兴贡献了自己的绵薄之力。

30多年的钻研摸索和积累沉淀，使史国平成为菇农心中的实战型专家。同时，作为一位行业老兵，他认为自己有责任也有义务把掌握的技术和经验无私地分享给有需要的业界同仁，帮助他们实现食用菌致富梦。

周不修：做起食用菌研究来　这个土专家真不土

◆专家档案

姓名：周不修

出生年月：1964.09

工作单位：山东省金乡县晨雨食用菌专业合作社

技术专长：菌种驯化培育，金针菇、羊肚菌、香菇、大球盖菇、猴头菇等菌种的标准化繁育及高产栽培技术

推荐单位：金乡县农业农村局

每次农民朋友们叫他周老师或者周专家时，周不修都会说：“我呀，就是个农民，食用菌的狂热爱好者，要是硬给戴个高帽的话，顶多也就是个土专家，泥土的土。”就是因为他走过的土地越来越多，鞋上和裤腿上常年挂着泥土，土专家这个名号越来越响。

1980年，在朋友的喜宴上，周不修平生第一次见到了食用菌——一盘平菇，那个时候，食用菌是稀罕物，有“一斤蘑菇换一斤猪肉”的流行语，在众人的惊叹声中，小小年纪的他，却发现了致富的门道。经过考察，当时种植平菇每斤的成本需0.1元，而售价是0.5～1.3元，周不修明确了这就是自己苦苦寻找的致富之路。认定了这条路，他就开始研究平菇的种植技术，在自

家地里种植了10米^{2}平菇，年终结算后赚了1 000元。看着自己用辛勤汗水换来的收获，那一天他一夜难眠。这一步走出去，不知不觉就做了10年的平菇、10年的银耳、18年的金针菇，每一步都充满曲折和传奇色彩。16岁接触平菇，18岁成了村里首位万元户、济宁市最年轻的政协委员，25岁获得“山东省新长征突击手”称号。

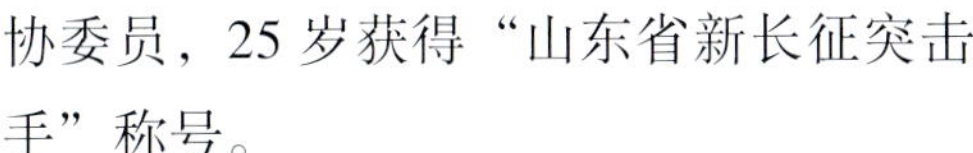

把技术教给农民、培养农业技术人才是周不修一直奋斗的事情。无论是平菇、银耳、金针菇，还是现在的羊肚菌，面对有种植意愿的乡邻，生性厚道直爽的周不修毫不保留地将种植经验和技术传授给他们，从配料、接种、生长管理到出菇管理，他手把手地教。2011年，周不修投资1 000万元成立了晨雨食用菌技术研发培训中心，每年举办至少10次食用菌技术培训班，不但自己免费给农民讲课，邀请全国各地的食用菌专家来金乡为当地农民授课，还自己出资带领农民去外地考察学习，农民技术团队越来越壮大，农民整体技术水平有了很大的提升。

周不修虽然是个农民，是个土专家，但在技术研究实践方面却毫不逊色。特别是近年来研究推广的谷粒菌种生产与应用技术、以棉渣等废料为原料栽培金针菇高效配方等新技术的推广与应用，大大提高了食用菌生产的产量和品质，促进了金乡县食用菌产业的快速发展。目前已获得3项国家食用菌专利，其中无菌接种桶的发明为农民接种提供了便捷、实用、物美价廉的工具，帮助农民降低成本、提高成品率；驯化了10多年的金菇3号（黄色金针菇），是享誉全国的优质品种，目前正在驯化的羊肚菌M6-1、MZ3和榆耳J3大面积试验均获得丰产，陆续推向市场。2018年2月，周不修团队设计的几种羊肚菌人工栽培模式均试验成功，北方林下栽培羊肚菌的丰产打破了北方必须运用设施大棚种植羊肚菌的传统，野生羊肚菌的驯化和高产栽培技术的成功更是让周不修闻名全国。

作为食用菌行业有远见、有胆识的领头雁，“勇于创新、实干兴业、永不放弃”是他的人生信念。30多年来周不修始终坚持“小蘑菇做成大产业，带动一方农民致富”这一梦想，驰骋在食用菌种植行业，奋力拼搏，既闯出了自己的一番事业，又带动了众乡亲脱贫致富，这是他创业之路的真实写照。

黄万礼：
发展壮大食用菌优势特色产业　助力乡村振兴

◆ 专家档案

姓名：黄万礼

出生年月：1965.05

工作单位：河南省太康县奋发食用菌专业合作社

技术专长：平菇、双孢菇、鸡腿菇、猴头菇等食用菌的菌种制作、栽培及病虫害防治

推荐单位：太康县农牧局

黄万礼，男，出生于 1965 年 5 月，河南太康人，现为太康县高朗乡食用菌协会及太康县奋发食用菌专业合作社理事长，河南蕈丰农业科技有限公司常务副总经理及技术总监、农技师。

太康县是我国食用菌行业优秀基地县，地处豫东平原，农作物秸秆及下脚料资源丰富，水资源丰富且无污染，为当地发展食用菌产业提供了得天独厚的资源，且地理及环境条件优越。1989—2006 年，黄万礼开始在家乡从事家庭食用菌生产；1996—1999 年，曾在周口市蔬菜科学研究所进修食用菌栽培课程，进一步学习深造食用菌生产技术。2006 年 1 月，开始担任太康县科学技术协会直管下的太康县高朗乡食用菌协会理事长。2007 年 12 月，成立太康县奋发食用菌专

业合作社并担任理事长。2019 年 1 月至今，兼任河南蕈丰农业科技有限公司常务副总经理及技术总监。多年来，黄万礼主要从事平菇、双孢菇、鸡腿菇、猴头菇等菌种的组织分离及提纯菌种、种植管理和病虫害防治等工作，他积极探索食用菌微工厂化生产管理环境控制及条件改善，并专注于食用菌菌种的培育及食用菌市场营销。

为了发展食用菌产业，黄万礼完全依靠自筹资金，建成养菌出菇棚超 3 000 米^2、微工厂化菌种培养室及生产车间 2 座；同时配备了物联网集成信息系统，通过该系统把合作社食用菌生产运行实时情况传输给信息共享者，共促食用菌产业发展。黄万礼通过田间地头、培训班、周口食用菌网等平台，服务当地菇农发展食用菌产业，提高种菇、爱菇、讲好蘑菇故事的积极性，并帮助村民提高技术水平。黄万礼领导下的太康县奋发食用菌专业合作社，是太康县成立最早、成效较突出的示范性食用菌专业合作社，是经河南省农业农村厅认证批准的一级菌种生产单位，也是周口食用菌网的主办单位。

黄万礼在从事食用菌生产的 30 多年中，多次向当地农业主管部门和各级政府献言献策，协助太康县科学技术协会推广食用菌技术，利用当地丰富的资源及环境条件优势发展食用菌产业，助推当地食用菌产业转型升级，再上新台阶。在推动太康县农业经济循环发展和助力乡村振兴的发展道路上，黄万礼书写下了浓墨重彩的一笔。

杨文博：
研发灵芝加工技术　助推全民健康产业

◆ **专家档案**

姓名：杨文博　出生年月：1954.06

工作单位：沈阳市沈北新区新城食用菌种植基地

技术专长：黑木耳、灵芝、北虫草、羊肚菌、香菇等食用菌的栽培技术

推荐单位：辽宁省食用菌产品流通协会

杨文博，曾任沈阳市福康源商贸公司董事长兼总经理，2000 年毅然弃商务农，承包了在沈阳市沈北新区沈北街道政府立项的 7.5 亩灵芝基地，建起了食用菌栽培基地。经多年研究探索，熟练掌握了种植灵芝的全套技术，带动了当地灵芝产业的发展和壮大。同时，杨文博还积极研究探索黑木耳等食用菌品种的生产技术，并通过了国家知识产权局的发明专利审查。

在多年的实践中，杨文博探索并掌握了高品质孢子粉的高产技术，尤其是引入了现代科技手段，使其功效成分灵芝多糖和灵芝三萜含量有了很大的提升，又通过低温冻干技术，确保了成品不氧化，保留孢子粉天然的中药淡香味，口感极佳。他生产出的灵芝孢子粉使用的是冷破壁低温技术，提高了孢子粉的品质。

杨文博提出灵芝生产的标准化、数据化和规范化，从基地的土壤和水质检测把控、菌棒的加工灭菌处理、菌丝菌种的培养，到移栽后的微喷湿度管理，每一个环节都制定了严格的标准。在保持灵芝原有品质的基础上，杨文博和他的同事还开始了高含量富硒灵芝的培育与技术推广，提升了灵芝自身的有机硒含量，进而达到临床治疗和康复的指标数据要求。

正是由于杨文博的坚持，他成了当地及周边灵芝行业内的权威级人物，获得了多项奖牌和荣誉证书，杨文博和他的伙伴们正在将灵芝种植和加工这项心系公益、为民健康的农业产业不断推向社会化。

易志能：一生致力于食用菌珍稀新品种的研究

◆ 专家档案

姓名：易志能　出生年月：1966.01

工作单位：福建省永安市原培真食用菌有限公司

技术专长：各种珍稀食用菌的栽培技术及工厂化生产管理

推荐单位：永安市食用菌技术推广站

易志能从事食用菌行业35年，一直致力于食用菌新品种、珍稀品种的种植研究。自1985年开始进行食用菌生产，先后种植过椴木及袋栽香菇、毛木耳、金针菇、平菇、凤尾菇、猴头菇、大杯蕈、大球盖菇等多种珍稀食用菌。2005年，到江苏江南生物科技有限公司指导杏鲍菇工厂化种植。2008年，到连云港灌南四季有食用菌有限公司指导海鲜菇工厂化种植。

2011年，回到福建创建永安市原培真食用菌有限公司指导金针菇、海鲜菇、绣球菌等品种进行工厂化种植，并在2016年改种黑皮鸡枞及台湾特有的高端药用菌牛樟芝。公司于2013年被中国市场调查研究中心授予“中国质量信誉理事单位”称号，2018年被福建省农业技术推广服务行业协会评为依法经营、诚实守信会员单位。

易志能撰写了多篇工厂化种植海鲜菇、黑皮鸡枞的论文，并在行业权威期刊上发表。他于2017年加入中国乡镇企业协会食用菌产业分会并成为会员。

鲁玉满：发挥示范带动作用　助推食用菌产业扶贫

专家档案

姓名：鲁玉满　出生年月：1963.12

工作单位：辽宁省西丰县兴旺食用菌种植专业合作社

技术专长：香菇、猴头菇、榆黄蘑等食用菌的菌种培育及栽培

推荐单位：辽宁省食用菌协会

鲁玉满，出生于 1963 年，任辽宁省西丰县兴旺食用菌种植专业合作社技术总监，拥有 24 年食用菌实际培育经验，擅长香菇、猴头菇、榆黄蘑等食用菌的菌种培育和制棒出菇管理。在技术帮扶方面，鲁玉满定期为种植户提供无偿技术讲解，并为种植户进行现场教学，从根本上解决种植户技术匮乏的问题。他倡导香菇的半成品、成品加工，提高香菇的销售价值。他在发展香菇种植产业的同时还为当地村民提供了大量的工作岗位，不但种植户能获得丰厚的回报，同时还解决了当地百姓工作难、赚钱难的问题。

鲁玉满在发展香菇种植上的引领和带动作用得到了社会的充分认可，曾被授予“抚顺县优秀共产党员”“抚顺县第二届道德模范”“发展特色农业示范户”等荣誉称号。鲁玉满表示，这些荣誉是对他工作的肯定和鞭策，后续他将强化自身项目的管理，继续推广香菇的种植，与其他食用菌合作社展开深度交流、学习、合作，带领周边更多农户改变原有的耕种模式，让更多农民能够依靠食用菌产业脱贫致富。

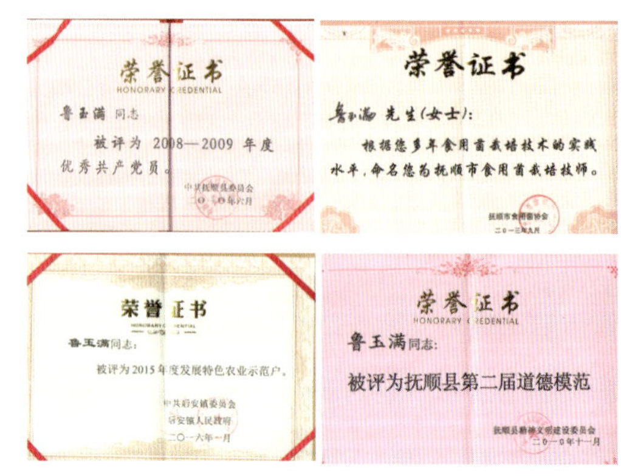

王忠：
坚持创业创新　助推精准扶贫

◆专家档案

姓名：王忠　出生年月：1974.06

工作单位：株洲市金盟熹农业科技股份有限公司

技术专长：黑皮鸡枞的栽培

推荐单位：株洲市芦淞区农村工作局

王忠，男，出生于1974年6月，湖南株洲人，农艺师，任株洲市芦淞区政协常委、芦淞区科学技术协会兼职副主席。2018年，他经中央组织部和农业农村部青年致富带头人师资培训班考核加入中央农业广播电视学校后备师资团。

2011年他开始创业，先后投资1 000万元创办株洲市金盟熹农业科技股份有限公司，公司是集科研、生产、技术推广、科技培训、农产品购销为一体的民营科技企业，主要从事黑皮鸡枞、香菇、姬松茸等菌种的生产、新品种选育、供种、栽培技术研究、栽培新技术指导与培训等工作。

2016年以来，王忠结合当地实际情况，积极参与精准脱贫，近两年累计帮扶贫困农户200余户，以点带面带动了更多贫困户发展食用菌种植脱贫。他投入24万元举办食用菌技术培训班40多期，培训农民1 000人次，公司获“湖南省新型职业农业培训示范基地”称号。在科技部门的大力支持下，创建了渌湘智慧星创天地农村创新创业孵化基地，被科技部认定为国家级星创天地。他深入农户进行技术指导300多次，印发科普资料16 000余册，基地被湖南省科学技术协会表彰为省级优秀基地。

王忠先后组织协会、企业项目参与省、市创新创业大赛，获2017年株洲市“天易杯”创新创业大赛三等奖，获2018年湖南省“启航梦想、重返田野”第二届创业创新创意大赛三等奖。

徐国伟：香菇种植突击手　产业扶贫勇先锋

◆ 专家档案

姓名：徐国伟

出生年月：1967.01

工作单位：山西省垣曲县娟娟种植专业合作社

技术专长：香菇的制种及栽培

推荐单位：垣曲县农业委员会

徐国伟的老家河南省西峡县是我国香菇的主要产地之一，有着“西峡香菇甲天下”的美誉。成长在这样的环境中，使他很早就接触到香菇产业，从品种选育、生产栽培、加工销售，到园区规划、技术培训等。他已有20多年的工作经历，积累和沉淀了丰富的专业知识和实践经验，成为当地小有名气的香菇技术推广专家。

2004年，徐国伟受邀到山西省万荣县从事香菇生产技术推广和创业。万荣县地处黄河以北，风沙大、气候干燥，这给种植香菇带来了一定的困难。为降低生产成本、提高菇农的积极性，他多次到外地考察，最终探索出能抗风保湿，温、光、气、湿适应香菇生长的专用大棚，并取得了实验种植的成功。之后，他认真总结这种生产模式的经验，并在万

荣县周边进行大面积推广。他根据当地是苹果产地的资源优势，开始研究利用苹果树废弃枝条为原料生产香菇，这些果树枝条经过加工粉碎制成香菇菌棒，不仅变废为宝，还为农民朋友增加了一条致富之路。他结合当地生产条件，探索总结出统一流转土地、统一制棒分散经营、统一技术服务、统一收购销售的“四统一”种植技术，增强了菇农的凝聚力和产品竞争力，也降低了种植风险。在接种方面，他将过去的接种箱传统工艺转化为温室大棚接种方法，成品率提高到 99% 以上；由过去外套袋的接种技术转化为地膜覆盖技术，从而大大地提高了生产力。通过几年的辛勤努力，在他的积极引领下，万荣县香菇产业取得了较大的变化，也给当地的种植户带来了较好的收益。

为做强当地香菇产业，2012 年，徐国伟引资 2 000 万元创办了万荣县天天香食品有限公司，从事香菇菌种研发、保鲜储藏和深加工，通过“公司 + 基地 + 农户”的模式，带动当地 15 000 多人次就业，带动当地香菇产业发展到 1 000 多万棒的种植规模，辐射周边市县发展了 2 000 多万棒。

在做好自身企业香菇生产、销售的同时，徐国伟还注重对当地种植户和农民进行技术培训和产业扶贫工作。他先后编发技术资料 3 万多份，累计培训菇农 5 000 人次，带动贫困户 300 余户，为当地香菇产业精准扶贫、劳动就业、富民强县做出了积极贡献。

徐国伟多年来扎根于万荣县及周边地区，进行香菇技术推广和产业扶贫带动工作，被当地农户称为“香菇种植突击手、产业扶贫勇先锋”。近两年，他又被万荣县天地祥芮农业科技有限公司等单位聘为技术总工，在香菇产业技术推广和乡村振兴的道路上努力探索、砥砺前行。

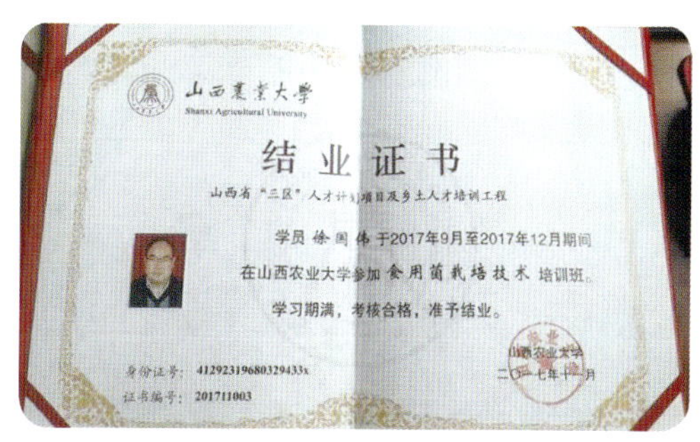

山西農業大學
Shanxi Agricultural University

结业证书

山西省“三区”人才计划项目及乡土人才培训工程

学员 徐国伟 于2017年9月至2017年12月期间在山西农业大学参加 食用菌栽培技术 培训班。学习期满，考核合格，准予结业。

身份证号：41292319680329433x
证书编号：201711003

山西农业大学
二〇一七年十一月

韩世安：筹建真菌展览馆　保护野生菌资源

◆专家档案

姓名：韩世安　出生年月：1947.09

工作单位：根河市天宏食用药用菌经销有限公司

技术专长：食用菌的菌种制作、生产管理和精深加工

推荐单位：根河市农牧业局

1996 年 5 月，时任根河市林业局好里堡经营林场生产场长的韩世安，为寻求职工转产，组织苗圃职工进行了黑木耳、滑子菇、平菇等的种植。1998 年 8 月，韩世安退休后开始从事食用菌人工栽培技术研究。2002 年年初，被根河市林业局职工再就业基地聘为培训技师。2004—2005 年，被根河市再就业局职工再就业培训基地聘为菌类栽培技师，先后为多家林业局的食用菌种植户义务举办培训班 20 余次，受培训者近千人。2010 年 9 月，被黑龙江省食用菌协会聘为食用菌栽培技术讲师团成员。2014 年 9 月至 2016 年年底，被呼伦贝尔生态产业技术研究院聘为食药用菌研究课题组副组长。

2006 年以来，韩世安大量采集、收集大兴安岭地区的野生药用真菌标本。2017 年，筹建的根河市天宏野生真菌展览馆开馆，展出 112 个属 58 个种的野生药用菌标本，他自己制作了 28 个牌匾介绍野生药用菌。韩世安自己撰写完成的《根河高寒地区黑木耳栽培新技术》《高寒地区栽培白灵菇技术》等技术文章在行业媒体刊登后广受关注。2001 年 3 月被增补为根河市政协委员，2005 年、2009 年两次被评为呼伦贝尔市优秀乡土人才。

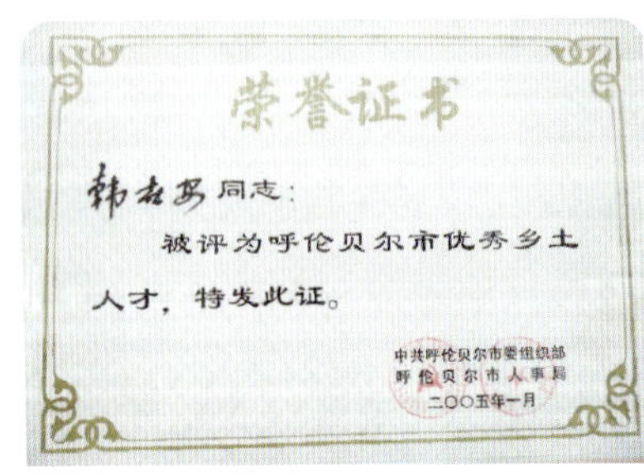

荣誉证书

韩世安同志：

被评为呼伦贝尔市优秀乡土人才，特发此证。

中共呼伦贝尔市委组织部
呼伦贝尔市人事局
二〇〇五年一月

李业文：技术兴业　服务菌农

◆ **专家档案**

姓名：李业文　出生年月：1980.02

工作单位：敦化市李栋菌类生物研究所

技术专长：黑木耳、灵芝等菌种的研究及栽培

推荐单位：延边朝鲜族自治州特色产业发展中心

李业文，1980年出生于吉林省蛟河市黄松甸镇，2002年正式进入食用菌行业，2010年成立敦化市李栋菌类生物研究所，主要从事黑木耳、灵芝、双孢菇的各级菌种生产销售及相关品种的高产技术研究。

李业文研究的东北椴木灵芝种植技术，是现东北椴木种植中生物学效率、投入产出比均较高的灵芝种植技术；他研究的反风风机布袋收集灵芝孢子粉技术，是目前灵芝布袋收集法收集率较高的方法；他研究的黑木耳栽培袋免棒免塞制袋技术，大大提高了黑木耳菌袋生产效率。同时，他还培育了多个木耳品种和东北野生食用菌人工驯化品种，他发明的松茸菌人工保育和增产技术已获国家发明专利。这几年他正在研究开发榛蘑人工种植、利用废菌袋林下种植榛蘑等技术，提高了菌料的利用率，出菇后的黑木耳菌袋、菌菇废菌袋经加工后再进行林下榛蘑种植，既增加收入又让木屑回归山林，出完榛蘑后的菌料又为树木增加了肥料，杜绝了废菌袋污染问题。

李业文通过不断的研究和创新，为菌农提供了更好的菌种和更优质的技术服务，为当地农业农村经济发展做出了积极贡献。

杨建木：认真钻研生产技术　助力菌业快速发展

专家档案

姓名：杨建木　出生年月：1971.10

工作单位：福建成发农业开发有限公司

技术专长：食用菌工厂化栽培技术推广及深加工产品开发

推荐单位：福建省食用菌行业协会

杨建木，1971 年 10 月出生，福建省漳州市南靖县人，2003 年成立福建成发农业开发有限公司，开始从事食用菌原辅料经营、生产栽培技术咨询、产品生产加工，产品有杏鲍菇、秀珍菇、大杯蕈、白背木耳、平菇、香菇、鲍鱼菇、榆黄蘑和黑皮鸡枞等的鲜品、干品、休闲食品。公司还进行菌棒出口，形成了机械配料装袋、高压灭菌、无菌接种、温控培养、真空冷冻运输等一整套标准化和工厂化的企业经营模式。公司每年可生产 2 000 多万袋珍稀食用菌，产品取得国家无公害产品、良好农业质量等认证，是漳州市农业产业化龙头企业。

多年来，杨建木认真钻研食用菌技术并指导全国 20 多个省份的 30 多家食用菌工厂化企业，多次承担福建省食用菌推广总站、福建农林大学等单位的新品种试验推广示范工作。他参与的“大杯蕈周年栽培季产品深加工技术示范与推广”项目获福建省 2014 年度科学技术进步奖二等奖，他的“一种培养基的自动化包装机”等 4 个新型实用专利正在审理中，他负责的项目还被评为农业农村部“菜篮子”建设项目，他的公司被财政部授予“农业综合建设单位”等荣誉称号。

席娟娟：
香菇致富好代表　巾帼创业带头人

◆ **专家档案**

姓名：席娟娟　出生年月：1975.05

工作单位：山西省垣曲县娟娟种植专业合作社

技术专长：香菇的栽培

推荐单位：山西省垣曲县农业委员会

席娟娟，垣曲县新城镇清源村人，垣曲县娟娟种植专业合作社理事长，垣曲县第十六届人大代表，运城市第四届人大代表，山西省第十三届人大代表。

席娟娟2014年成立娟娟种植专业合作社，主营香菇等食用菌的菌种、菌棒生产销售及技术推广服务。合作社采取“公司+合作社+基地+贫困户”的发展模式。合作社扶贫基地主要在垣曲县新城镇的清源、左家湾、瓦舍这3个村，基地分两期完成。一期香菇种植项目在清源村进行，占地面积40亩，投资335余万元，目前已建成出菇棚120个、养菌棚40个，年生产菌棒30余万袋，年产量60万斤，实际年产值240余万元，帮助贫困村200余人就业，其中女性职工占85%；二期香菇产业园于2017年3月在左家湾、瓦舍两个贫困村筹建完毕，现已投产。

2019年席娟娟在垣曲县皋落乡建设完成一座产、种、销为一体的标准化香菇产业园，新建日产3万袋香菇菌棒的自动化生产线，年产400万袋。香菇产业园的投产将会更好地服务于贫困种植户，也将带动垣曲县的经济发展。

席娟娟在食用菌产业扶贫中的突出表现得到了社会各界的充分肯定，2014年被授予“巾帼创业致富带头人”称号，2016年当选垣曲县第十六届人大代表和运城市第四届人大代表，2017年当选山西省第十三届人大代表，2018年荣获运城市脱贫攻坚奋进奖，2019年被评为山西省三八红旗手。2019年合作社获得“全国巾帼脱贫示范基地”称号。

孙国政：
常怀拳拳之心　谱写菌菇人生的华丽诗篇

◆专家档案

姓名：孙国政

出生年月：1971.05

工作单位：河南省汝州市朕迪农业科技有限公司

技术专长：香菇、黑木耳的菌种选育、制作及栽培

推荐单位：河南省食用菌协会

孙国政，1989年毕业于汝州市农民中等专业学校，现任河南省汝州市朕迪农业科技有限公司总经理。

孙国政1994年在河南嵩县创办菌种厂，1998年创办汝州市三泰菇业公司，带动汝州市3个乡镇发展香菇生产，为菇农提供菌种、菌需物资及技术服务。2002—2008年，自主栽培椴木黑木耳并推广至汝州市各个乡镇，生产的黑木耳、香菇菌种销售至河南鲁山、汝阳、嵩县等产区。2009—2011年，重点研究中原袋料黑木耳栽培法并推广至汝州市及周边各县。2012—2018年，创办汝州市朕迪食用菌种植专业合作社，注册自有品牌“朕迪”，带动汝州市周边3个县发展食用菌产业。目前，孙国政有香菇品种9个，有独立的菌种实验室和出菇

试验场，能保证菌种质量的稳定性及高产性，年产以香菇为主的食用菌菌种600万斤左右，业务区域已拓展至辽宁、河北、山西、陕西、山东等地。

经过近30年的探索和实践，孙国政在香菇、黑木耳等食用菌的菌种选育、分离、提纯和抗高温、抗病驯化及菌棒生产流程等方面积累了丰富的实战经验。他经常带领公司团队深入各个产区研究、试验，引导周边30多个乡镇通过改变种植模式增加效益；他研发的夏一、平香529等多个适应各个地区的优良香菇品种深受广大菇农欢迎。汝州市朕迪农业科技有限公司一直以新种源的研发和老种源的维护为工作重心，全年都有专人负责实验室的工作，保证菌种生产中有种性良好、基因稳定的种源可以使用。同时，针对现有种源，公司会采取间断性的菌丝抗高温驯化、抗病毒、增强活力的试验；在菌种生产过程中，严格按照合理的原料配比及物理性状的调配使菌丝生长迅速、活力稳定。另外，其内部制定了严格的菌种管理制度，员工在生产的各个环节技术指标都追求精益求精，保证了菌种生产过程中的质量稳定。

孙国政的付出也得到了行业和社会的广泛认可，1998—2000年连续3年被汝州市委、市政府评为先进科技工作者，2000年被评为平顶山市首届致富能手，2018年被汝州市农业局评为汝州市农业突出贡献者。公司于2017年被河南省农业厅授予食用菌菌种生产经营一级资质。

在事业发展的道路上，孙国政常怀拳拳之心，谱写着菌菇人生的华丽诗篇。

王本成：
扎根食用菌基层　无私奉献知识和技术

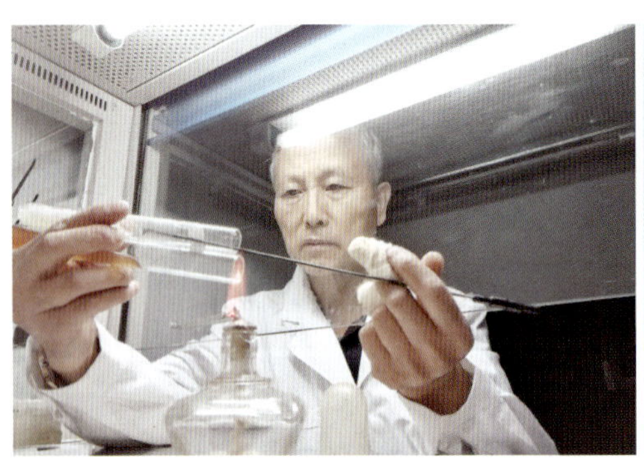

◆专家档案

姓名：王本成　出生年月：1951.02

工作单位：陕西省杨凌金麒麟生物科技有限公司

技术专长：食用菌菌种制作、生产管理技术

推荐单位：宝鸡市经济作物研究所

王本成，男，1974 年毕业于西北农林科技大学农学系，1986 年开始在宝鸡市经济作物研究所从事食用菌技术研究和推广工作。工作期间，他帮助基层建立了 11 个食用菌基地、合作社，经常亲自在基地做栽培示范，下乡讲课培训技术，受到各级领导和干部、广大农民的一致赞扬和好评。他主持制订了宝鸡市食用菌产业发展规划，还主持过多个食用菌项目，荣获省部级丰收计划奖、科学技术奖和技术推广奖等；在《中国食用菌》《食用菌》《陕西农业科学》《西北园艺》《江苏食用菌》等国内刊物上发表专业论文近 10 篇；他还出版了《北方蘑菇栽培技术》《木耳、香菇、天麻栽培新技术》等书。

王本成在担任宝鸡市经济作物研究所所长的同时，还兼任宝鸡市农学会副理事长和食用菌分会主任、中国食用菌商务网专家顾问团专家等职务，并被聘为陕西省省级首席农艺师和西北农林科技大学生命科学学院客座教授。

《中国当代农业高级专家库》

荣誉证书

王本成 同志：

经我会审定，同意您入选《中国农业高级专家库》。

特发此证。

中国农学会

2006年3月8日

"Chinese Contemporary Agriculture Senior Expert Storehouse"

CERTIFICATE

Comrade Wang

After being examined and approved by the association, you have been selected to be one of the experts in the "Chinese Contemporary Agriculture Senior Expert Storehouse".

We hereby issue this certificate.

China Association of Agricultural Science Societies

Mar.8th ,2006

聘书

LETTER OF APPOINTMENT

兹诚聘王本成为西北农林科技大学生命科学学院客座教授暨校外指导教师。

张国红：
实践成就非凡　改良开放式食用菌接种新模式

◆ **专家档案**

姓名：张国红　出生年月：1970.11

工作单位：河南省鲁山县御珍源家庭农场有限公司

技术专长：椴木菌菇类的菌种分离，食用菌栽培技术

推荐单位：鲁山县农业农村局

张国红，1970 年 11 月出生于河南省焦作市，1994 年毕业于河南林业职业学院。1997 年，在陕西省汉中市天佑农业科技有限公司担任技术总监、产品开发销售部经理。2008 年，开始从事椴木香菇、平菇、银耳、黑木耳等菌菇类的生产，带动鲁山周边 1 000 多户、8 000 多人就业。2010 年，成立河南省鲁山县御珍源家庭农场有限公司。2015 年，担任河南省洛阳市三阳食用菌有限公司股东。2016 年，与四川省城口县食用菌协会合作，从事椴木木耳、袋料香菇、灰树花生产，与河南省博爱县志同农业专业合作社合作，在千亩竹林里仿野生种植雪茸、松茸、竹荪，并主推食用菌采摘观光旅游。

20 多年的食用菌从业经历，练就了张国红过硬的食用菌理论基础和实践技能，对香菇、黑木耳、猴头菇、灵芝、平菇等开放式接种、养菌、出菇、烘干管理、病虫害防治、杂菌预防处理等比较擅长。此外，他结合自然天气让香菇变为高品质的花菇，开创了椴木香菇林下生产“人”字形架改三脚架、露天开放式接种的新技术，产生了较好的经济效益，也为食用菌接种技术的改良提供了实践参考。

王根成：扎根食用菌生产一线　四十年初心未改

◆专家档案

姓名：王根成

出生年月：1962.10

工作单位：陕西汉中尧蕈生物科技开发有限公司

技术专长：黑木耳、滑子菇等的菌种培育及栽培

推荐单位：勉县农业农村局

王根成，男，生于1962年10月，陕西省汉中市勉县人，现任汉中尧蕈生物科技开发有限公司总经理。

1981年，勉县供销合作社成立了菌种厂，开始生产黑木耳、香菇椴木菌种，但农户不认可这个科学技术。王根成作为有文化的青年人，到距家80千米的山区开始搞生产，带领群众种植黑木耳。通过科学的管理，当年秋季试验成功。通过3年试验推广，使黑木耳在全县乃至周边县发展开来，起到了表率和带头作用。1983年，王根成被勉县土产公司聘为菌种生产技术员，在职3年的时间里，他指导生产的优质黑木耳菌种不仅满足了本县山区群众的需求，而且还销往陕南各主产黑木耳的山区县，使得汉中黑木耳在广州、上海等地出口贸易

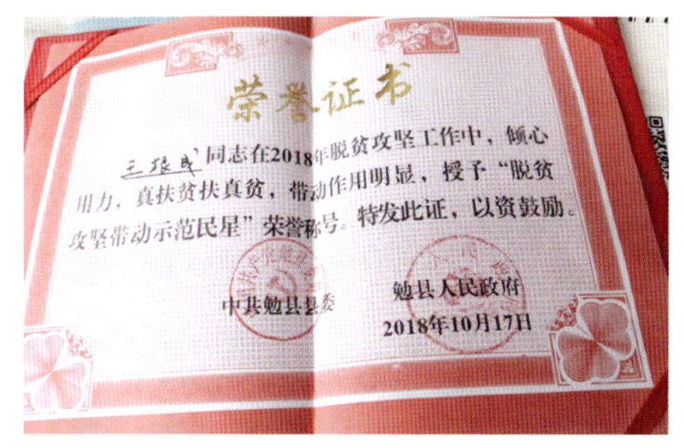
荣誉证书

王根成 同志在2018年脱贫攻坚工作中，倾心用力，真扶贫扶真贫，带动作用明显，授予"脱贫攻坚带动示范民星"荣誉称号。特发此证，以资鼓励。

中共勉县县委　勉县人民政府

2018年10月17日

中大有名气。同年，他报考了中央农业广播电视学校，更进一步学习农业知识。通过4年函授的学习，奠定了他培育优质高产食用菌品种的基础。1986年，王根成自费前往福建三明真菌研究所进修食用菌育种专业，得到了黄年来研究员和颜淑婉副研究员的指导，当年冬季成立了勉县天堰食用菌场，开始了育种、推广工作。

通过20多年的学习、推广、指导广大菌农生产，他积累了大量的实践经验，取得较好的经济效益和社会效益。滑子菇生产中，他通过长达9年的时间进行城区低海拔试验，终于掌握了它的生长习性和规律，并将复杂的工艺简单化，便于农户掌握发展。他研发的香菇代料生产不用套外袋技术，2010年申报了专利，这一技术的推广为菌农省力又省钱，得到了广大菌农的一致好评。

2014年，王根成成立了汉中尧覃生物科技开发有限公司，组建了一个强硬扎实的班子，带领30多名当地留守妇女，生产、推广以黑木耳、玉木耳、香菇为主的食用菌，以公司生产示范带领广大群众发展，产品由公司统一包装进行销售。通过近几年的运行，公司不断发展壮大，群众也得到了很好的收益，种植热情不断高涨。近年来，公司被授予"农民田间学校""汉中市就地就近转移就业示范基地""汉中市就业扶贫基地""勉县就业扶贫基地"等荣誉称号。

2018年，王根成被聘为中国食用菌商务网专家顾问团成员、汉中市产业脱贫技术服务乡土专家，还被有关单位授予"脱贫攻坚带动示范民星""十佳创业创新之星"等称号。2019年，被勉县县委授予"勉县工匠"荣誉称号。公司被中国科学院菌种改良中心、上海农业科学院、西北农林科技大学等单位确定为选育香菇等食用菌的良种试验基地。

从椴木生产推广到今天的代料生产、从单一菌类向高科技菌类产品稳步发展，王根成走过了近40年的从业历程，他科学严谨的工作态度和全心全意为菌农着想的初心始终未改。

侯桂森：用 30 多年的技术传承服务菌业发展

◆专家档案

姓名：侯桂森

出生年月：1954.09

工作单位：廊坊职业技术学院

技术专长：香菇、黑木耳等食用菌的菌种研发及栽培技术

推荐单位：廊坊职业技术学院

侯桂森，1954 年 9 月出生于河北香河，毕业于河北师范大学生物系，是廊坊职业技术学院的一名专职教师（三级教授）。

自 1986 年至今，侯桂森一直从事食用菌产业开发、教学和科研工作。30 多年来，他先后在国外（罗马尼亚）和北京通州、重庆丰都、河南清丰、河北北部坝上和廊坊及西部太行山区、黑龙港流域等地传授、推广食用菌栽培技术，积累了丰富的从业经验。在受聘成为阜平县食用菌产业技术专家组成员期间，面对相对薄弱的产业基础，侯桂森手把手教当地菇农怎么种植食用菌，从怎么摆菌棒、怎么注水，到怎么透氧、何时采摘养菌，他都耐心进行指导。经过他不辞辛苦、亲力亲为的传授，越来越多的农民加入种植队伍，走上了食用菌脱贫致富

的大道。截至2018年年底，阜平县食用菌产业已完成了“一核、四带、百园覆盖”区域布局，创新推行了“六统一分”发展模式，全县香菇鲜菇年产量可达3万吨。在受聘成为河南省清丰县领军专家期间，侯桂森与其他食用菌专家一起，瞄准棚室搭建、品种选择、茬口安排、栽培模式确定、标准化生产、病虫害防治、产品深加工等食用菌生产的关键环节，通过谋划制定产业规划、技术引进示范、专题培训、现场指导、产品研发等惠民服务，实现了人才智力与扶贫对象的精准对接，为清丰县食用菌产业扶贫提供了强大的智力支撑。

侯桂森在多年实践基础上提出了香菇计划性控制出菇，疏蕾、蹲苗立体单面定位定量出菇，转潮管理等一批创新理论，这些理论通过实际检验得到了菇农和行业内的认可。他先后取得国家、省、市级科研成果奖11项，发表学术论文30多篇、论著5部，拥有专利11项。他曾被评为廊坊职业技术学院教学名师，廊坊市农业科技先进工作者、市管专家、第二届优秀科技工作者，2012、2016年度廊坊市十大新闻人物，2015年度“最美廊坊人”，河北省优秀教师、教书育人楷模、河北省先进工作者、2016年度李保国式科技扶贫标兵、河北省优秀食用菌专家、2017年度第四批“最美河北人”；北京市优秀科技协调员、通州区科技带头人、北京农村经济发展“十佳”科技工作者。他还获得了河北省扶贫特殊贡献奖、2014年度全国食用菌行业十大新闻人物提名奖、2018年度中国老科学技术工作者协会奖等荣誉奖项。

多年来，侯桂森为10余万贫困山区农民免费培训3 000多场，促进增收超亿元，真正实现了“一项技术富裕一方农民”的目标。侯桂森最大的心愿就是通过传帮带，组建一支技术过硬、敢于担当、不辞劳苦的技术团队，把最新食用菌种植技术和种植模式推广到能够发展食用菌产业的各个地区，帮助更多的农民脱贫致富。

张立东：勇做食用菌界追赶太阳的人

◆ 专家档案

姓名：张立东

出生年月：1967.02

工作单位：陕西省泾阳县泾达食用菌总厂

技术专长：平菇等的菌种研发及栽培技术

推荐单位：泾阳县食用菌协会

张立东，农艺师，陕西省泾阳县人。现任泾阳县泾达食用菌总厂厂长、泾阳县食用菌协会会长、泾阳县食用菌研究所所长、泾阳县企事业家协会和泾阳商会会长。

1985 年冬，张立东于兰州军区军地两用人才培训学校毕业后，与 5 位合伙人在泾阳县西关村南的 10 亩梧桐树行间栽培了一棚蘑菇，开启了泾阳县发展食用菌产业的新篇章。在张立东的带动下，西关村栽培蘑菇的农民越来越多，到 1989 年，全村栽培食用菌者竟达 300 多户。为了培养真菌技术人才，张立东筹集资金，成立了恒达生物养殖场真菌栽培技术培训班，为当地菇农及学员讲授蘑菇的栽培技术、食用价值和市场前景，还带领学员进行现场栽培。在他的精心指导下，8 000多名掌握了食用菌栽培技术的农民学员分赴祖国各地，活跃在食用菌行业不同领域。之后他又组织成立了泾阳县食用菌协会，并被推选为会长。

1989年，张立东在大荔县政府的支持下创办了陕西省第一家食用菌事业单位——大荔县食用菌开发中心，开展学员培训、菌种繁育等业务。1991年，他又在泾阳县创办起泾达食用菌总厂，成为当时中国西北唯一的一家集科研、生产、加工于一体的食用菌事业单位。总厂建起不久，为了实现“高科技兴厂”的宏愿，张立东联合相关单位建造起国内外先进的自动调温、调湿、调光的智能型全天候温室和大型现代化蘑菇罐头厂，由此实现了食用菌从传统生产到现代化生产的飞跃。

2000年，西部大开发的号角刚一吹响，张立东就在泾阳县领导的支持下，引入并大力推广香菇袋料栽培模式，他们利用全县10万亩苹果树枝、36万亩玉米下脚料的资源优势，发展香菇产业化之路。截止到2000年年底，已在全县20个乡镇建立香菇基地20个，发展农户5 000多户，年收入达亿元以上。为此，张立东被咸阳市委宣传部、市科学技术局、市科学技术协会评为先进工作者，被咸阳市委、市政府评为十大杰出青年。

2001年，在张立东的呼吁和协调下，拥有2座交易大楼110间门面的泾阳县食用菌批发市场正式建成，开启了以泾阳为枢纽的西部食用菌产业崛起浪潮。

2009年，中央电视台军事 · 农业频道《科技苑》栏目邀请张立东进行了以“张立东种平菇”为主题的采访，并于2010年播出报道。节目播出后，在全国引起强烈反响，国内外食用菌爱好者纷纷到泾阳参观、交流和学习平菇高产种植技术。在接下来的时间里，张立东对慕名而来的学员言传身教，采用理论和实践相结合的学习方法，从颗粒菌种的制作到打块模式的栽培一步步全方位精心传授。截至目前，已有3万多名学员奔赴世界各地开展食用菌新项目，为当地经济发展起到了巨大的推动作用。

由于张立东的杰出贡献，被省、市授予“中国创品牌优秀企业家”“中国食用菌风采人物”等称号，企业被授予“陕西省AAA级信誉单位”“陕西省3.15质量诚信重点推荐品牌”等荣誉称号。

季占军：
不忘初心解菇农所困　牢记使命助产业发展

◆ 专家档案

姓名：季占军

出生年月：1980.10

工作单位：河北菇友农业技术服务有限公司

技术专长：黑木耳、香菇等食用菌的液体菌种研发及栽培技术

推荐单位：北京市食用菌协会

季占军，毕业于石家庄经济学院（现为河北地质大学）生物制药专业，高级农艺师。他先后师从牡丹江食用菌协会会长冯龙、北京市农林科学院研究员刘宇学习食用菌种植，从事食用菌种植技术研究 10 余年，在食用菌液体菌种研发、工厂化生产及病虫害防治方面有独到见解，现任河北菇友农业技术服务有限公司董事长，兼任河北省食用菌协会副会长、北京市食用菌协会副会长、黑龙江伊林集团技术顾问、中国乡镇企业协会食用菌产业分会副会长。

2014 年，季占军成立北京菇友生物科技有限公司，主营业务为食用菌工厂化技术服务，还承担了北京市农业技术推广站、中国农业大学和北京市农林科学院关于食用菌的科研实验项目。

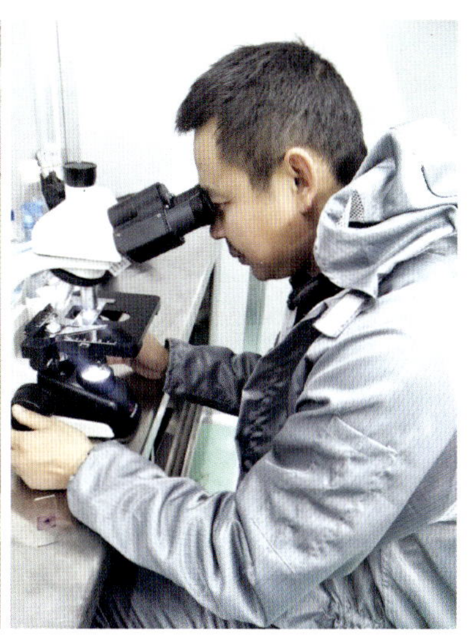

2016年，投资成立了河北菇友农业技术服务有限公司，开发了食用菌液体菌种发酵罐、增耳肽、金菇宝食用菌专用消毒剂，以及液体菌种专用培养基等食用菌生产系列产品，并且成立了食用菌工厂化净化施工服务部，专业建设食用菌工厂的净化工程。2019年，投资成立了黑龙江菇友生物科技开发有限公司，并在黑龙江省虎林市投资1 100万元建设以食用菌系列饮料开发为主营业务的饮料生产工厂。季占军的企业已形成北京菇友农业商贸有限公司、河北菇友农业技术服务有限公司、黑龙江菇友生物科技开发有限公司三家子公司，是集食用菌技术研究、食用菌生产技术服务推广、食用菌生产设备物资开发生产、食用菌产品深加工于一体的综合型集团公司。公司拥有“金菇宝”“菇友”“山间24度”“菇力神”“蓝瘦香菇”等多个商标，以及食用菌生产加工方面的多项专利。

在食用菌行业从事技术服务多年，积累和开发了大量实用的食用菌生产技术，拥有自己过硬的技术服务团队，能为合作伙伴们提供优质的技术服务及合理的生产规划，并达到100%成功和服务对象100%满意的双百成绩。他和公司分别秉承着“奉献、创新、服务”及“诚信经营，以客户为本”的经营理念，想客户所想，急客户所急，为众多合作伙伴提供了优质满意的服务和合作，创造了良好的市场口碑。不独守新技术、乐于分享新技术成果，是公司快速发展的法宝。为客户、合作伙伴及所有的菇友提供优质满意的服务是公司能长久发展的必要条件。

季占军是做食用菌技术起家的，在工作中非常重视对菇农的技术帮扶，免费组织了多次技术培训，并免费发放了《食用菌螨虫防治手册》《菇友技术汇编》等2万多册技术资料。不忘本一直是他多年来努力服务基层菇农的初衷，其主要目的是普及食用菌生产技术，尽可能地减少食用菌从业人员因为技术问题造成的损失，让他们少走弯路。

季占军认为，接下来要做的就是在挑战和机会并存的时刻，不忘最初的创业富民的梦想，不断创新，在食用菌行业的浪潮中不断前行。

徐连堂：
执黑木耳技术牛耳　当食用菌致富先锋

◆ **专家档案**

姓名：徐连堂

出生年月：1964.05

工作单位：黑龙江省东宁市供销联社

技术专长：黑木耳技术研发与推广

推荐单位：东宁市食用菌协会

徐连堂，1964 年 5 月出生，中共党员，大专学历，现任黑龙江省东宁市食用菌协会会长、东宁市黑木耳产业推广办公室技术推广站站长。作为东宁市黑木耳栽培技术研发、推广的领军人物，他为当地乃至全国黑木耳产业的创新发展做出了突出贡献。

出于对黑木耳产业的热爱，徐连堂执着探索、孜孜以求。他发明的房式简易节能灭菌锅，降低了菌锅制作成本、节省了燃料、提高了灭菌数量，节省了大量的灭菌设备投资，加快了黑木耳栽培规模和区域的扩展，东北黑木耳产区普遍在使用。他和相关单位合力进行菌袋的研发与攻关，成功研究出袋料亲和力强、料缩袋亦缩的智能菌袋，克服了袋料分离现象，解决了制约小孔栽培的孔小憋芽问题。为了提高黑木

耳品质，徐连堂进行黑木耳小孔单片栽培实验，在取得较大面积中试成功的基础上，在东宁市进行了全面推广，确立了东宁市黑木耳栽培技术引领全国的地位，目前这项技术已在全国范围内推广。

徐连堂探索出独创的黑木耳越冬栽培模式，实现了夏季生产菌包、秋季出耳后保湿越冬、次年早春采收，实现了免燃料升温育菌，低碳环保且降低成本；且黑木耳在低温季节采收，流耳风险小，优质高产。他还带领科技示范户进行春耳秋管和秋耳越冬的研究及推广，仅春耳秋管这一项技术，就使每袋黑木耳增产10克以上，可谓“小技术大产值”。2012年，为了实现黑木耳栽培“省地、省水、省工、提高品质、降低风险、增加效益”的目标，他带领科技示范户进行塑料棚室挂袋栽培黑木耳的探索，当年取得成功并迅速推广。仅用4年的时间，东宁黑木耳挂袋棚室就发展到1万栋，这项技术使黑木耳袋料栽培从主要靠天吃饭向提高技术装备水平、实现可控栽培转变，实现了稳产、高产，价格较地栽黑木耳又提高了30%以上，经济效益显著，目前这项技术已经申请国家专利，并在全国范围内推广。

徐连堂在不断研发黑木耳栽培新技术，也在不断总结编写技术资料，他先后总结编写了《食用菌栽培技术》《黑木耳小孔栽培技术》《黑木耳棚室挂袋栽培技术》《黑木耳病虫害防治技术》等资料，还组织起草了《无公害黑木耳寒地栽培技术规程》征求意见稿，帮助技术监督部门制定了《东宁黑木耳产品标准》，起草了《黑木耳栽培木屑标准》，并被各地广泛采用。《绿色黑木耳小孔栽培技术》《食用菌栽培技术》在黑龙江省第十一届自然科学技术学术成果奖评审中分别获得一等奖和二等奖。

多年来，徐连堂刻苦钻研、勤奋工作，成为国内知名的黑木耳栽培专家，为全国食用菌产业和地方经济发展、农民致富做出了突出贡献。他被中国食用菌协会授予“小蘑菇新农村建设突出贡献者”称号，被中国科学技术协会、财政部授予“全国科普惠农兴村带头人”称号，被黑龙江省委授予“优秀党员”称号，被省、市、县各级政府授予“劳动模范”称号并享受黑龙江省政府特殊津贴，被黑龙江省农业委员会授予“县域农村优秀科技人才”称号，被黑龙江省科学技术协会授予“科普工作先进个人”称号，被牡丹江市委授予“十佳公仆”“优秀党员标兵”“优秀党员”等荣誉称号。

彭兆旺：
科技创新功在千秋　木屑香菇名扬海外

◆ **专家档案**

姓名：彭兆旺

出生年月：1948.04

工作单位：上海彭氏菇业有限公司

技术专长：香菇栽培技术

推荐单位：古田县食用菌协会

彭兆旺，福建省古田县人。1968 年开始仿椴木制作香菇菌棒试验，1978 年 11 月取得袋料栽培香菇技术的成果，使香菇生产的周期从 2 ~ 8 年缩短为 8 个月左右，成本降低了 50% ~ 60%，产量提高了 8 ~ 10 倍，该项技术为人工高产食用菌开辟了一条崭新途径。《中华合作时报》2018 年 1 月 9 日人物专刊对彭兆旺的采访报道中写道："彭兆旺发明香菇菌棒技术 43 年，累计帮助 2 800 万农户摆脱了贫困，帮助 3 500 万农民创造就业。"

彭兆旺几十年如一日地专注于食用菌技术创新，用自己追求极致的精神和孜孜以求的行动砥砺前行，诠释着菌业人的匠技和匠心。他发明的香菇菌棒袋栽技术，改变了食用菌产业的格局，使我国取代了日本在香菇产业霸主

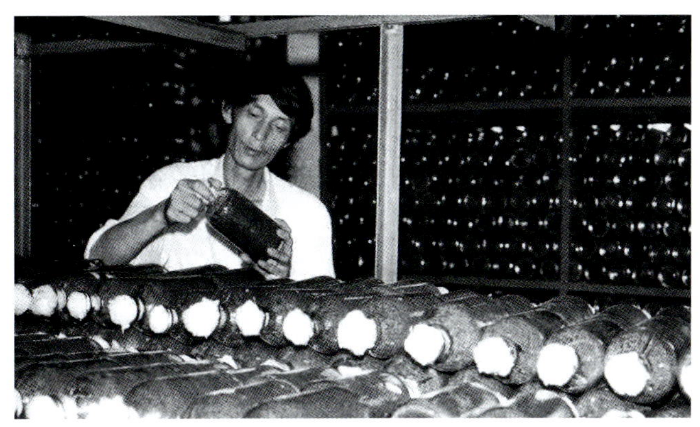

取得的重大贡献得到了社会的充分认可。1986年，被福建省民政厅授予“扶贫、扶优先进个人”称号。1987年，荣获福建省宁德地区行政公署授予的室外木屑袋栽香菇项目科技进步奖一等奖。1989年，荣获中国科学技术协会授予的“全国农村科技致富能手”称号和福建省科学技术委员会授予的福建省科技进步奖二等奖。1991年，荣获国家科学技术委员会授予的“全国星火科技先进工作者”称号、福建省政府授予的“福建省劳动模范”称号。1993年，被古田县委、县政府授予“专业技术拔尖人才”称号。1996年，荣获宁德地委、宁德地区行政公署授予的第二批“地管专业技术拔尖人才”称号。2014年，彭兆旺首创的“工厂化制棒，林下生态出菇”食用菌项目成绩突出，荣获国家林业局颁发的中国林业产业突出贡献奖。

著名蕈菌专家张树庭教授曾这样评价彭兆旺：“袁隆平解决了中国人吃饭的问题，彭兆旺解决了贫困山区农民收入的问题。”

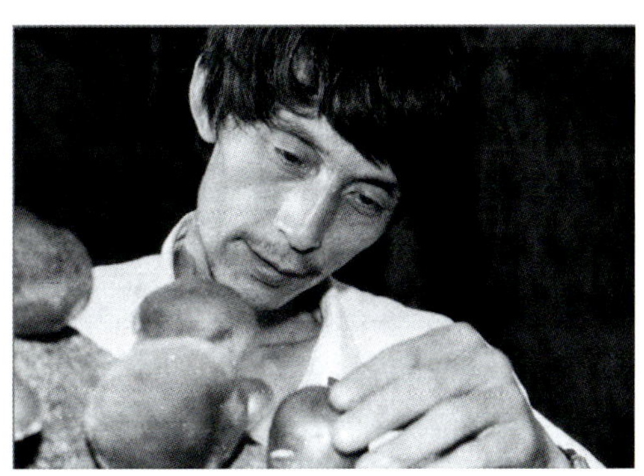

的地位，使香菇成为我国生产区域最广、总产最高、影响最大的食用菇类。彭兆旺带来的菌棒技术的火种点燃了全国扶贫的星星之火，使菌棒种植食用菌技术这支扶贫之花开遍全国，无数农民靠种植食用菌脱贫致富，对山区农民的脱贫致富发挥了重大作用。

彭兆旺退休后，继续发光发热，发扬着刻苦钻研和勇于创新的精神。2007—2010年先后被派往韩国釜山、加拿大多伦多、韩国仁川、阿联酋等地进行食用菌技术指导与传播。2011年以来，参与过上海市浦东新区科技发展基金创新资金蕈菌菌棒工厂化技术研究、上海市科学技术委员会科星火富民科技项目、上海市科学技术委员会科研计划国际合作项目、海外食用菌农场创办及智能化菇房的技术研究，与上海市农业科学院合作参与“十一五”国家科技支撑计划重点项目、食用菌产业升级关键技术研究与开发项目、科学技术部星火计划香菇出菇房环境信息远程监控系统项目等。

彭兆旺在食用菌技术创新和扶贫上

罗浩志：坚持创新发展　撬动食用菌大产业

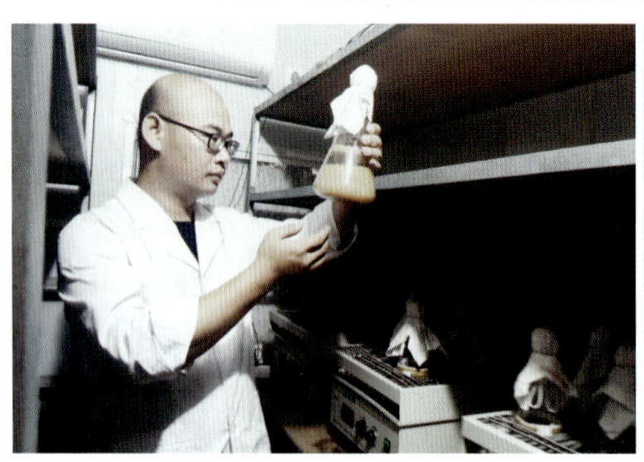

专家档案

姓名：罗浩志　出生年月：1988.07

工作单位：百色市聚农食用菌种植农民专业合作社

技术专长：平菇、香菇等食用菌的菌种制作、栽培及培训

推荐单位：广西食用菌协会

罗浩志，1988 年 7 月生于广西壮族自治区百色市，现任百色市聚农食用菌种植农民专业合作社总经理。

2009 年，罗浩志开始进入食用菌产业，历任广西巴马一山珍生态农业科技有限公司食用菌厂厂长、广西悦心坊生态农业有限公司菇厂厂长、广西辰坤农业科技有限公司董事长兼技术总监等职位。10 多年的食用菌行业从业经历使罗浩志熟练掌握了食用菌菌种制作、出菇管理等各个技术规程，尤其擅长食用菌菌种的制作，还经常为当地农户进行平菇、香菇、杏鲍菇、灵芝、秀珍菇等食药用菌的栽培技术培训。

2017 年，罗浩志参与创建了百色市右江区聚农食用菌种植农民专业合作社，合作社拥有百色和田东两个合作生产基地，其中香菇合作种植基地共扶持 396 户贫困户脱贫致富，秀珍菇合作种植基地有 76 户贫困户受惠。合作社拥有“聚农强”“灵知君”等自主品牌商标，并已搭建广西灵芝食用菌商城平台。同年，罗浩志组织合作社参加了广西农业技术推广总站和广西科学院的“本地（芒果支屑）新基质栽培食用菌试验”项目，并创办了芒果支屑加工厂，开展芒果支屑种植香菇、秀珍菇试验项目，取得了良好成果，带动菇农进一步拓宽了致富路。

在罗浩志的办公室里，一摞摞厚重的荣誉证书见证了他在菌业发展中所取得的硕果。今后，他和他的合作社将继续积极发挥示范带头作用，为本地经济和食用菌产业发展做出更大贡献。

02 Mushroom Expert Technology

专家技术文献

CEFIC

春季黑木耳棚室挂袋栽培技术

黑龙江省东宁市黑木耳技术推广站 徐连堂

黑木耳棚室挂袋栽培是一项代表着黑木耳发展方向的栽培技术，既可省地、省水、省工，又能有效抵御自然灾害，满足黑木耳对温度、湿度、光照的要求。采用该技术可比地栽春耳提前一个月采收，比地栽秋耳延后一个月结束采收，并且产品无泥沙灰尘污染，既干净又安全。东北地区根据当地气候适时安排生产，完善卷膜、雾化、降温、程控等配套设施，可实现自动化程控管理，提高黑木耳菌包工业化生产和标准化管理水平，助推黑木耳产业水平的全面提高。

一、品种选择

要求选用耐水耐湿、抗逆性强、单片、圆边、耳厚色黑的优良品种。根据品种的特性和当地积温的情况安排栽培生产时间。由于棚室内阳光较弱，影响黑木耳菌丝体的后熟，同时刺孔要较地栽早近 1 个月，因此栽培种生产要较当地地栽菌包早 1 ~ 2 个月；还要根据菌种特性安排菌包生产，早熟品种晚生产，晚熟品种早生产。一般中晚熟品种可在秋后至元旦前安排三级菌生产，中早熟品种在元旦之后安排三级菌生产，大兴安岭等高寒地区也可在春节后安排菌袋生产，这样既能加快出耳，又能防止菌龄过长造成耳片变薄、变黄，影响品质和产量。

二、菌袋生产

1. 原料选择及配方

袋料栽培，袋和料同样重要，许多栽培户就是由于选择劣质菌袋造成挂袋木耳栽培失败。棚室栽培，应选用袋料亲和力好的优质菌袋，克服袋料分离。原料要求无霉变、无虫害、无有害化学物质。黑木耳的主要原料是木屑，木屑要以硬杂木屑为主，且以粗细、新旧搭配为宜；辅料中麦麸、玉米粉、豆饼粉都要粉碎得细一些，利于混拌均匀及溶解、融化碳氮分子，增强培养基的固型性和持水性，提高黑木耳产量。

常用的培养基配方（三级菌）：硬杂木屑 89%、麦麸 10%、豆粉 2%、石膏 1%、pH 为 7 ~ 8（灭菌后为 5.0 ~ 6.5，用石灰调节）、水分 57%。

2. 拌料装袋

棚室栽培菌袋的拌料方法与常规菌袋生产的拌料方法一样，目的是使主料、辅料和水充分混拌均匀。由于立体挂袋栽培密度大，与地栽木耳相比较具有通风差、干湿交替难、阳光照不透、杂菌易交叉感染等不足，更需要依靠提高装袋标准作保障。培养料不但要装实，更要上下松紧一致，料面平整无散料，袋料紧贴，塑料袋无褶皱，通过克服袋料分离来预防病虫害。提高装袋的质量，关键是所用装袋机的好坏，采用防爆袋装袋机，袋装不但标准，而且还可以使用薄菌袋，是克服袋料分离较有效的办法。

北方黑木耳菌包生产多采用菌棒制菌法。装袋时，在菌袋中间打孔，将料面上部的剩余菌袋窝入中间的孔中，然后将菌棒插入中间的孔中，起到固型和密封的作用。

3. 灭菌与接菌

灭菌是菌袋制作过程中最重要的一环。小规模菌包生产多采用常压灭菌，装锅后大火快烧 3 小时左右袋内温度达到 100℃，然后保持 10 ~ 18 小时，再闷锅 3 小时以上。时间的长短由菌袋的大小、多少和培养料的具体情况来定。出锅时要趁热将菌筐移到接菌室或培养室，刚出锅的菌袋发软，这时从筐中将菌袋拣出易使菌袋变形，造成袋料分离，因此要等菌袋稍凉变硬后再从菌筐中拣出。规模化生产多采用高压灭菌，灭菌更彻底，更适合挂袋栽培，能有效防止病虫害，利于过伏和春耳秋管，延长采摘期，提高挂袋栽培的产量。

接菌是在无菌条件下，把菌棒拔出，将菌种接到培养基内。固体木屑菌种可用菌种封闭袋口，其他固体菌种和液体菌种要用无菌棉塞、海绵塞等封闭袋口。接菌是黑木耳菌包生产过程中基本与灭菌同样重要的生产环节，灭菌的目的是杀死所有杂菌，而接菌是防止所有杂菌进入菌包内，更强调的是环境、操作规范和菌种质量。

接菌成功的基本条件有：较大且稳定的无菌区；菌种不带螨和杂菌，且萌发力强；接菌室消毒杀虫彻底；操作规范；抢温接菌，接菌后保持 5 ~ 7 天较高且稳定的温度（28 ~ 30℃）。

4. 培养室处理及菌袋培养

培养室的墙要求光滑平整，用石灰粉刷一遍室内墙壁，用干木杆、木板搭好发菌架后，将室内杂物清理干净。室内温度升至 25℃以上时喷水增湿，保持 48 小时，之后用二氧化氯或过氧乙酸溶液把室内的墙壁和菌架喷施一遍，同时喷施杀虫杀螨剂防治虫害。室内形成了高温高湿的条件后，再用二氯异氰尿酸钠封闭门窗熏蒸 2 ~ 3 天，开门排潮继续加温快速把室内的墙壁和菌架全部烘干，之后地面撒一层生石灰防潮、防杂菌。培养室力争做到干净、干净再干净，干燥、干燥再干燥。

菌袋培养过程中一定要控制好温度，坚持低温育菌。室温初期控制在28℃左右，7 ~ 10天后逐渐降低袋温至25℃左右，近似恒温培养，菌袋发满后降到15℃左右进行后熟复壮。培养过程中要经常通风，保持培养室空气清新。

三、挂袋大棚及设施

1. 棚室结构

黑木耳挂袋大棚与蔬菜大棚的冷棚相近，增设立柱、横梁、吊梁、斜拉等，结构必须坚固。东北地区挂袋大棚的规格大小要兼顾通风、保温、成本和利用率。常规的挂袋大棚，宽8 ~ 10米，长30 ~ 40米，棚顶高度近4米，吊梁高度2.2 ~ 2.4米，两根吊梁为一组，自然通风即可，适用于一家一户应用。大棚过长或过宽不利于通风和作业，这样的大棚必须安装助风设施，中间设作业道，适用于规模化、程控化栽培。挂袋黑木耳的初期多采用双弓大棚，棚肩以下斜立，高1.8米，每个弓下每隔1.5 ~ 2.0米远设1个立柱，这种架构的挂袋大棚不利于通风、控温及栽培管理，应逐渐弃用。现在的棚两头开门，一般棚头对应设2扇或4扇门，以利于通风。

2. 配套设施及注意事项

挂袋大棚承重大，地面必须平整，立柱下设预埋件，做好斜拉，大棚必须做到坚固不倾斜。大棚两侧设地锚，用于压实棚膜和遮阳网。棚顶遮阳网外部设置喷雾水带用于降温。大棚排水必须良好，微喷管安装在横梁上，1米1根，2米1个喷头。大棚上先扣塑料再扣遮阳网，为方便塑料和遮阳网卷放应安装卷膜器。春季挂袋必须上年秋季建棚，扣棚前要准备好大棚膜、遮阳网、压膜绳等物品。

3. 扣棚及准备工作

2月初清理积雪后用塑料扣棚，用两块大棚膜在棚顶重叠，以便棚顶开缝降温。用压膜绳将塑料加固，挂袋时再扣遮阳网。扣棚后、挂袋前将吊袋绳拴好，将微喷管等安装完毕。

四、菌包入棚和复壮

1. 菌袋入棚及复壮菌丝

春耳挂袋栽培，要充分利用塑料棚室增温保湿的特点，采取有效措施实现抢早采收，充分利用低温季节采收，延长采收期，实现提高黑木耳品质、产量和规避雨季流耳风险的效果。

春耳挂袋栽培一定要做到抢早，即早清雪、早扣棚、早倒菌入棚。春节后将棚内的雪清除，将挂袋大棚扣上大棚膜。同时应注意防止冻害，待棚内地面化冻

60 厘米以上、最低气温稳定在 -3℃以上时，地面铺草帘等防寒物防冻，可将菌袋移到棚里垛放，袋上盖草帘防寒遮阳，夜晚上覆塑料防冻。通过倒菌、增温等物理性诱导复壮菌丝。菌包入棚后 4 ～ 5 天将菌袋上下对倒 1 次，待菌丝复壮变白后方可刺孔。

2. 刺孔和封闭孔眼

大棚挂袋栽培每个菌袋约有 180 孔，以圆钉孔为宜，孔径 3 ～ 4 毫米，孔深 6 ～ 8 毫米。刺孔后 5 ～ 7 天在遮光条件下菌丝可封闭孔眼，最好刺孔后 3 ～ 5 天将菌袋上下对倒 1 次，再过 3 ～ 4 天即可挂袋。

垛袋复壮期间的管理：待刀口变白近封闭孔眼时，通过喷雾状水和保持地面潮湿来保湿，通过开门通风达到增氧降温效果。刺孔后袋温控制 22℃以下，湿度保持在菌袋表面有一层薄薄的水渍为宜。

五、挂袋管理

1. 挂袋时间

挂袋栽培在东北大部分地区可实现一年两季，大兴安岭等高寒地区一年一季。东北大部分地区春耳 4 月挂袋，7 月初采收结束；秋耳 7 月中下旬挂袋，10 月末采收结束。

2. 挂袋方式

菌袋刺孔后当孔眼被菌丝封闭时即可进行挂袋，挂袋方式主要有单钩双线和三线脚扣两种。单钩双线是将两根细尼龙绳拴在吊梁上，另一头系死扣，挂袋时先将一个菌袋放在两股绳之间，袋的上面放一个用细铁丝做的钩，长 4 厘米，用钩将绳向里拉束紧菌袋，上面再放菌袋，菌袋上再放钩子，以此进行，每串挂 6 ～ 8 袋。三线脚扣是用三股尼龙绳拴在吊梁上，另一头也系死扣，挂袋前先放置 4 个等边三角形塑料脚扣，作用也是束紧尼龙绳固定菌袋，挂袋时先将一个菌袋放在三股绳之间，袋的上面放一个脚扣，再每放一个菌袋配一个脚扣，以此每串挂 6 ～ 8 袋，相邻两串间距 20 ～ 25 厘米。挂袋时，最底部菌袋应距离地面 40 厘米以上，平均挂袋密度为 60 ～ 70 袋 / 米 ^{2}。

六、催芽期管理

催芽期即挂袋后到原基形成阶段。棚室栽培由于具有易增温保湿的优势，能加快原基的形成，且出耳快、齐。这一阶段要保湿为主，通风为辅，早晨增温。每天清晨将迎着阳光的遮阳网向上拉，增加光照，提高棚室温度，8 时前后再盖上。挂袋后如不及时浇水催芽，会造成菌丝老化，极易造成憋芽现象，影响出耳和产量。催芽期应将地面浇透水，结合喷雾状水保持棚内昼夜湿度 75% 以上，使菌袋表面有一层薄而不滴的“露水”，保证耳芽出得又齐又快。挂袋后前期最好喷雾状水，可防止水进入菌袋产生青苔。注意不需要大通风，每天通风 1 次，每次 30 分钟，正常管理 10 天左右即可形成黑木耳原基。

七、耳片分化期管理

耳片分化期即原基形成至耳片形成阶段。这一阶段是棚室挂袋栽培的关键时期，管理的好坏直接关系到黑木耳的品质和效益，影响到病虫害的数量。技术要点为控温、增湿（保湿）、常通风（大通风）。

1. 严格控温

一般情况下，棚室挂袋由于增温保湿效果好，原基形成得快且齐。整齐的原基封闭孔口，造成袋内透气性差、氧气供应困难、菌丝呼吸代谢产生的二氧化碳等有害气体排除困难，菌丝体的抗逆、抗高温能力降低。这一阶段棚内温度最好控制在 22℃以下，可允许短时间超过此温度，要防止高温伤菌。具体的措施有：在棚顶设置 1 ~ 2 根微喷管，棚内温度高于 24℃时，采用增加浇水次数能控制袋内温度在 22℃以内最好，能加快耳片分化，否则采取棚外浇水降温；棚顶开缝，用棍将遮阳网支起，利于排除热气；温度长时间高于 24℃时，要果断地大通风，避免菌袋流红水和感染绿霉菌。

2. 继续保湿

这一阶段增加浇水次数和时间，尽量在气温高时浇水，气温低时不浇或少浇，湿度始终保持在 80% 左右。尽量减少干湿交替，防止耳片边缘变干而根部湿润，强化原基分化，造成憋芽和连片，影响黑木耳品质。出现畸形或严重积水憋芽现象时，可撤掉塑料和遮阳网，晒 3 ~ 5 天，将原基晒干，再采取常规管理。

3. 加强通风

这一阶段通风尤为重要，通风不足时二氧化碳浓度过高，易产生畸形耳。随着二氧化碳浓度的增高，黑木耳不呈碗状而呈上翘状，或边缘呈锯齿状，严重的呈漏斗状，影响黑木耳产量和品质。通风和保湿是相互矛盾的，温度低时，通风要柔风，要长通风，全天通风，重点是棚的底部通风，因为二氧化碳密度大于空气密度，二氧化碳多聚集在棚的底部；温度高时，可上部开较大的缝进行通风和降温，可结合浇水将门全部打开或将塑料也同时掀起，达到通风和保湿两不误的效果。

八、耳片展片期管理

耳片展片期即耳片形成至采收期，这一阶段浇水和采收是主要工作。技术要点为开放管理、及时采收、控制生长、干湿交替。

1. 开放管理

与地栽木耳相反，挂袋木耳是保湿容易通风难，展片期应全天通风。这一阶段随着棚内温度升高，将棚膜上卷至棚肩或棚顶，棚膜已完成使命，只有遇到连续阴天时用于防雨。遮阳网应间歇性遮盖，不需要浇水保湿时，应将遮阳网卷至棚顶或棚肩处，气温高于 28℃以上时中午盖几个小时起到降温效果。挂袋栽培前期保持封闭或半开放状态，中后期一定要开放管理。

2. 及时采收

当黑木耳长到 3 ～ 4 厘米时应及时采收，及时采收既能提高黑木耳品质，也能提高黑木耳产量。采摘时可把晒网或地膜铺在地面上，用手或木棍触碰黑木耳即可，特别省工。一定要采用网架晾晒，并注意防雨。

3. 控制生长

早春温度低，应在白天浇水，夜晚少浇水。春季应在下午 3 时至次日 7 时浇水；入夏后应在下午 5 时至次日 1 时浇水。浇水时应先将黑木耳全部湿透，然后每小时浇水 10 ～ 20 分钟，控制棚内湿度在 90% 左右。夜晚低温时浇水，可适当控制耳片生长速度，以保证耳片长得黑厚边圆。

4. 干湿交替

挂袋木耳也要采取干湿交替的浇水策略，一般采收两茬黑木耳后应将棚膜卷至棚顶把黑木耳晒干，然后再重复浇水管理。干湿交替是减少病虫害发生最有效的措施。棚室栽培挂袋前要倒 2 ～ 3 次菌包，复壮菌丝；采收期黑木耳要干燥 2 ～ 3 次，保证黑木耳健康生长。所以，黑木耳栽培阶段有“2 倒 2 干”或“3 倒 3 干”的说法。

入伏前挂袋春耳基本采收结束，未感染杂菌的菌包可进行春耳秋管，进一步提高黑木耳产量。

白灵菇出菇期管理技术

河南灵宝昌盛食用菌有限责任公司　党兴仁

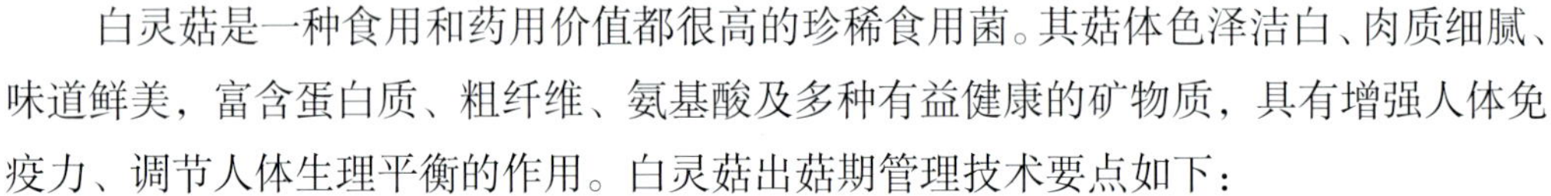

白灵菇是一种食用和药用价值都很高的珍稀食用菌。其菇体色泽洁白、肉质细腻、味道鲜美，富含蛋白质、粗纤维、氨基酸及多种有益健康的矿物质，具有增强人体免疫力、调节人体生理平衡的作用。白灵菇出菇期管理技术要点如下：

一、低温促熟

白灵菇菌袋经 60 天左右的培养，已达到基本成熟标准。为了出菇整齐一致，在补水催蕾出菇之前，还要对菌袋进行数天低温刺激，进一步促使生理成熟，这一环节的管理简称低温促熟。低温促熟的温度和时间因不同品种略有不同，不同温度下也略有不同，一般菌袋中心温度低于 2℃时，菌丝顶端生长点全部停止生长。温度越低作用越好，时间越短（表 1）。

表 1　低温促熟时间与温度的关系

温　度	时　间
−2℃以下	1 ~ 5 天
−1 ~ 0℃	5 ~ 7 天
0 ~ 2℃	7 ~ 10 天

注：低温促熟时间段内，菌袋内部温度每天保持低温时间在 8 小时以上。

二、菌袋补水

白灵菇菌袋经过养菌及后熟培养，95% 以上的菌袋都有不同的脱水现象，一般失水 20% 左右，严重的失水可达到 30% ~ 40%。养好菌后的菌袋含水量低于 50%，如果出菇前不给菌袋补水分，就很难出菇或出菇不齐。

出菇前应对菌袋补水，并调节水的 pH 达到 8.0 ~ 9.0，补水量应根据菌袋含水量的不同灵活掌握，一般每袋补水 80 ~ 100 克左右（以 18 厘米 ×36 厘米袋为准），最佳含水量如表 2 所示。菌袋缺乏水分，会不出菇或出菇质量不佳；菌袋含水量过多，同样不出菇或出菇质量不佳。

表 2　出菇前菌袋的最佳含水量

基料含水量	料水比	对子实体发生及发育的影响
70% 以上	≥ 1：2.33	不出菇或难出菇，子实体生长不好
60% ~ 65%	1：（1.5 ~ 1.9）	水分合适，子实体发生及生长好
50%	1：1	含水量偏低，能出菇，生长不好，影响产量
45%	1：（0.7 ~ 0.8）	含水量低，出菇难，生长不良或不生长
40% 以下	≤ 1：0.6	含水量过低，不出菇，不生长或死菇

注：上述参数可在生产实践中掌握应用，不断补充水分以维持菌袋的含水量。

三、搔菌育绒

搔菌育绒是白灵菇出菇期管理的重要技术环节，就是培育白色绒毛状结实性气生菌丝，简称育绒。育绒环节做得好坏，决定着能否出菇、出菇是否整齐、出菇率高低、产量高低等。

1. 搔菌的方法

菌袋满菌后经过低温后熟培养，已经达到生理成熟及出菇标准。白灵菇出菇前的搔菌方法一般有浅层搔菌、打孔搔菌、袋端划道搔菌等几种。这里主要介绍浅层搔菌的操作。

先解开两端的袋口，用铁质小刮匙刮掉老接种菌种块或轻轻搔去菌柱两端中央表面的菌皮。搔菌面积 2 厘米^{2}左右，深度 0.2 厘米左右，稍低于料面，呈微凹陷形状，搔掉老菌皮，露出新基料，若过大过深则菌丝恢复时间长，且易现蕾过多，消耗营养，造成子实体形态不佳，影响产量、质量。搔菌深浅要根据老菌皮及菌柱表层失水情况而定，若菌皮厚且干，应深搔菌，反之应浅搔菌。

搔菌后，要将打开的袋口重新拢起，造成一个既能通风换气，又能保温保湿，适宜育绒和形成原基的小空间环境。

搔菌速度要快，每单元所有菌袋 1 ~ 2 天内搔完。搔菌前首先把空间湿度提高到 85% 以上，搔菌后要根据育绒所需条件管理。

2. 搔菌后的管理

温度：适宜温度为 10 ~ 18℃，以 12 ~ 16℃最佳，尽量减小昼夜温差，能做到

恒温育绒最好。

湿度：适宜湿度为 85% ~ 90%，可向空间内增加喷雾量或地面浇水以调节湿度。

静风培养：保持环境空气新鲜，二氧化碳浓度控制在 1 200 毫升 / 米 ^{3} 以下。

散射光照：防止强光直射，以 300 勒克斯光照刺激最佳。

一般经 3 ~ 5 天，最长 5 ~ 7 天，有 60% ~ 70% 的菌袋搔菌凹陷处长出白色绒毛状结实性菌丝时，即转向变温催蕾。一般认为恒温育绒时间宜短，变温催蕾时间宜长。育绒时间不能过长，防止长势过旺，防止形成新的菌皮，造成不出菇或者出菇困难。

四、催蕾出菇

催蕾主要是给结实性绒毛状菌丝以低温及温差刺激、干湿差刺激、光照刺激等，使其停止正常营养生长发育，转向生殖生长，迫使其倒伏、扭结，形成白色米粒状原基。

低温及温差刺激：结实性菌丝形成后，给以 0 ~ 10℃的低温刺激，催蕾期环境气温必需降至 10℃以下，昼夜还应有 10℃以上的温差刺激。白天温度应为 10 ~ 18℃，保持 8 ~ 10 小时；夜间温度应为 0 ~ 8℃，不能高于 10℃，保持 6 ~ 8 小时。

干湿差刺激：空间湿度保持在 85% ~ 90%，根据通风及调温管理，昼夜温度差 10% 左右，干湿差 10% 左右。

光照刺激：给以 300 ~ 800 勒克斯的散射光刺激。

通风换气：通过通风换气调节温差及干湿差，同时保持环境空气新鲜，二氧化碳浓度控制在 1 200 毫升 / 米 ^{3} 以下，促使原基整齐。

反复循环操作 5 ~ 7 天或 7 ~ 10 天，搔菌处即可出现乳白色米粒大小的原基，并逐步发育膨大分化成菇蕾。要突出恒温短育绒、变温长催蕾，如 80% 左右的菌袋都已经出蕾，即可进入护蕾管理阶段。

大球盖菇栽培技术

河南虞城金隆菇业有限公司　利金站

大球盖菇是国际十大食用菌交易品种之一，还是食用菌家族中少有的一种低成本、高收益的品种。根据笔者多年栽培实践证明，该品种每亩地的利用面积约400米^2，投入3 000元左右，可产鲜菇3 000 ~ 4 000千克，纯收入可达5 000 ~ 20 000元。该品种口感嫩滑，菇柄爽脆，让人品尝到一种野生菇的味道，其独特的鲜味、丰富的营养深受广大消费者的喜爱和认可。

一、栽培条件

1. 林下种植是首选

河南省是典型的农业大省，林下资源极其丰富，地处中原，杨树林随处可见，在农村更多，这就给种植大球盖菇创造了一个得天独厚的条件。实践证明，林下栽培大球盖菇比在废闲田栽培可提前15天种植，延长出菇期20天左右，整个出菇期可多出1 ~ 2茬菇，平均每亩可增产400 ~ 750千克。有的地方在没有树林的情况下，在人为创造的条件下也能达到丰产的效果。

2. 土壤的选择

大球盖菇为草腐土生菌，有“不见土不出菇”的特性，即使偶尔出菇产量也很低。在大面积推广应用时，大多是就地取土，有时种植的地方土质好，产量就高，反之产量就低，最好在种植前对土质有一个充分的了解。土质应以腐殖壤土（黏度40%左右）含有团粒结构为宜，这样的土质喷水不板结，大雨后不太黏，干燥后不板结龟裂，具有保水性好的优点。太黏和太沙的土壤如果不加以处理，产量都会受影响。

二、原料及配料方法

栽培大球盖菇的原料比较广泛，可以分为六大类：①秸秆类。麦秆、稻草、亚麻秆、

玉米秸、玉米芯、豆秸等各种农作物的秸秆。②壳类。稻壳、花生壳、莲子壳、豆壳等。③枝条类。各种果树枝修剪后的枝条。④杂木屑。木材加工厂的下脚料、锯木屑、刨花等。⑤废菌渣类。金针菇、杏鲍菇、茶树菇、白灵菇等菇类的废菌渣都可以利用。⑥野草类。

无论是什么农作物的秸秆，都要求是当年采收的干燥无霉变的，菌渣需要晒干打碎。笔者根据多年的实际推广经验，结合栽培区域的原料状况采取了多种原料栽培试验，均取得了良好的效果。常采用的配方有：稻壳 100% ；稻草 100%；麦秸 100%；麦秸 70% ，稻壳 30%；稻草 50%，稻壳 50%；玉米秸（晒干、压扁）50%，稻壳 50%；玉米秸（晒干、打碎）70%，稻壳 30%；干玉米秸或野草（粉碎成 4 厘米左右）40%，废菌渣 40% ，稻壳 20%；杂木屑 50%，秸秆类 20%，稻壳 30%；各种干枝条（切断）50%，秸秆类 20%，稻壳 30%。无论采取哪个配方，尽量在田里播种时，在菌种的上面撒一层稻壳，这样对增产能起到一定的作用。

三、栽培时间

我国地域辽阔，各地气候差异很大，什么时间种植适宜，应以本地的气候来决定。一般是立秋后最高气温稳定在 30℃以下时即可播种，一直可以种植到来年的春天。产量会随着时间的推迟而降低，原因是出菇时期的温度高，菌丝不能充分地分解、培养。切记大面积栽培宁早勿晚，以免造成发菌不好，后期大量出菇时若遇到高温天气易造成出菇质量差，甚至不出菇，给自己带来不必要的损失。

四、铺料播种

将经过预处理后的培养料，按 10 千克 / 米 ^{2} 的用料量，分两层放于畦床上，畦床宽 60 厘米，长度不限，下层厚约 10 厘米，上层厚约 7 厘米，在两层的中间及周边点播菌种约占总用菌量的 2/5，余下的菌种点播在料面表层，用种量是 500 ~ 600 克 / 米 ^{2}。将菌种掰成核桃大小，用梅花行点播法播在两层原料的中间及表面，穴距 10 厘米，表层播好后覆盖一层预湿好的稻壳（这个环节很关键），菌种上的稻壳厚 3 ~ 5 厘米，然后在走道内下挖取土，在菌床表面均匀地覆盖一层厚约 3 厘米的土壤，播完后加盖秸秆保温保湿。在大棚、室内栽培的操作方法和露天栽培一样，不同的是可以暂时不用覆土，等菌丝块与块之间连接时再覆土，这样菌丝发育快，能比直接覆土的提前 10 天出菇。大田露天栽培时不应采取这样的方法，原因是不覆土原料的水分不好保持，如天气许可或者有办法采取保护措施也可以采用此法。

五、发菌管理

1. 调节水分

接种后 3 ~ 7 天，掀开覆盖在菌床上的草被，观察培养料与覆土的含水量，要求原料的含水量达到 60% ~ 65%，覆土要达到手指捏得扁、搓得圆的程度，可用水幕带或喷雾器喷水，要做到少量多次喷洒，既要达到要求的含水量又不能让底部的原料渗入太多的水，如果发现有病虫害可以结合喷水并加入一定量的药剂防治。如果发现原料含水量偏多，在中下部有发酸发臭、变黑的现象，应停止喷水，松动上面覆盖的草被并在菌床的两侧用铁叉或棍棒顺着地面往里面插入 60 厘米左右，上下抖动，最好是两人一组同时进行，目的是让下层的原料接触新鲜的空气，散发一部分水分，排出有害气体，一般采取措施后都能看到理想的效果。

2. 发菌期间对温度的要求

温度是控制菌丝生长和子实体形成的一个重要因素，行业内有句谚语：“成不成功在温度”。无论是发菌还是出菇阶段，温度都决定着成败，发菌时主要看料温，料温高了容易造成烧菌，低一些安全但也不能过低，太低菌丝不萌发，即使萌发也会推迟出菇时间。菌丝生长的温度范围为 13 ~ 33℃，最适温度为 21 ~ 26℃，在此范围内，一般从开始播种到出菇约需 40 天。

六、出菇管理

当菌丝经过 40 天左右的生长，原料内的菌丝基本长透并在覆土表面冒出、往草被上生长时，要加强出菇管理工作，重点是保湿、保温、通风等。在树林里露天栽培要及时喷洒出菇水，方法是少喷多次、定时定量，力求使空间相对湿度保持在 85% ~ 95%，并结合喷水扒动草被，使覆土上接触草被的菌丝断掉，促使菌丝向下生长、扭结形成菌蕾。大棚栽培要增强光照和通风，子实体生长时所需的温度范围是

2 ~ 30℃，最适宜温度为 10 ~ 25℃，当料温低于 13℃时很难形成菌蕾，高于 25℃时形成的小菌蕾也会死亡。秋季栽培出菇时，只要中午最高料温能达到 15℃，夜里即使空间气温是 2℃，形成的菇蕾照样可以生长，这样条件下形成的子实体粗壮，朵形较大，不易开伞，生长发育缓慢，质优价高。

当菇蕾长成半球形状时，应在尚未开伞时及时采收，采收时手法要轻，用一只手按住其余的菇，另一只手抓住要采的菇柄轻轻转动，不可带动别的菇蕾，如一簇菇有 80% 达到采收标准，可以成簇采收，采收时尽量不带培养料，采菇后的菌床上留下的洞口要用土壤及时覆盖并要清理残留的死菇。一般是早上开始采摘，中午 12 时以前采收结束，下午喷水保湿等。一茬菇采收结束后，管理的重点是喷水养菌，要求是轻喷细喷，尽量做到既要让土壤湿润又不能让土壤板结，禁止浇大水和透水，若遇大雨天气，应及时做好排水工作，避免原料底部进水。大球盖菇的整个生长期，可以采收 3 ~ 5 茬菇，在河南区域栽培一般是春节前出 1 ~ 2 茬菇，气温下降自然停止出菇越冬，到次年杨树发芽时，提前喷出菇水，当料温达到 15℃以上时开始出菇，至 6 月初基本结束，后期气温升高，菇蕾生长迅速，易开伞，菇质差。

茶树菇工厂化生产工艺及出菇管理技术

天津市宏胜源食用菌科技发展有限公司　郭庆柱

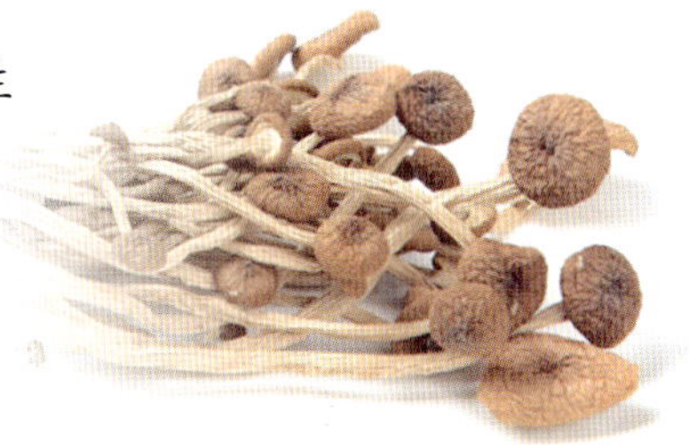

茶树菇是一种食药用菌，因野生于油茶树的枯干上而得名。茶树菇营养丰富，味道鲜美，具有清热、平肝、明目、利尿、健脾之功效。现将茶树菇工厂化生产工艺及出菇管理技术总结如下：

一、配方

棉籽皮 60%，麦麸 15%，锯木屑 15%，玉米粉 5%，生石灰 3%，石膏粉 2%。

二、拌料

先将称好的主料（棉籽皮）堆成堆，按比例将辅料即麦麸、锯木屑、玉米粉、石膏粉混匀后，均匀铺撒在主料堆上干混 1 次，再将生石灰粉按加水的桶数均分到每个桶中，搅拌使其充分溶于水，按照比例均匀泼洒于干混料上，翻料 1 次，拌料机拌料 2 次，夏季闷料 6 小时，春秋闷料 8 小时，冬季闷料 3 天。要求做到“三均匀”，即主料辅料均匀、干湿均匀、酸碱度在料中均匀。

三、装袋

装袋标准是装料松紧适度，菌袋不变形，料柱表面圆平，虚实匀称无死角，手摁不下陷摁，料袋无白色变形纹理；栽培袋规格为 17 厘米 ×33 厘米 ×0.004 厘米（长 × 宽 × 厚），通常湿重 1 千克 / 棒，袋口留足接种空间；系口松紧适宜。

四、灭菌

排尽冷气，袋温迅速升至 125℃时，保持 2 小时后关闭进气阀，灭菌完毕后将出料门打开一缝隙散热，使热水蒸气溢出，烘干袋口，当袋口无水迹方可出炉进冷却室冷却。

灭菌完好的鉴定标准：视，灭菌完好的料为红褐色，通体颜色均匀。嗅，灭菌完好的料略有香味，无酸臭等其他异味。捻，掏芯取料中的颗粒，用手捻捏，无生硬白芯。检，从灭菌灶下角和中心处各取 3 个菌棒，28℃下放置 24 小时检查有无细菌，48 小时后检查有无霉菌。

五、冷却

按照每天接种的数量进行出炉，在万级洁净室内逐级冷却，保持接种温度 30℃左右，无菌条件下接种。

六、发菌

发菌在于提高优质成品率，最大限度地减少污染率，及时处理污染菌瓶及培养料。发菌必备的四个条件：暗培养，环境相对干燥、整洁，协调最适温度，常通风换气。

发菌后期，应对菌体进行最终分类，即一般分选成四个等级：长势健壮、菌丝体洁白浓密、菌袋坚实的为一级，长势较健壮、菌袋培养基较坚实的为二级，长势中等的为三级，长势差的为等外级。

七、育菇

育菇管理的目的在于提高成品优质率，最大限度减少残次品率。应及时疏花疏果、合理密植、控温、调湿、保肥补肥、温和通风、适度光照、适时采收。

1. 原基管理技术

原基形成 2 ~ 3 天，经 18 ~ 23℃的催蕾后原基分化菌蕾，此时菇室内空气相对湿度保持在 95% ~ 98%，二氧化碳浓度以 0.01% ~ 0.15% 为宜。原基分化阶段以保持湿度为主，不得直接向原基或菌蕾上喷水。菇体所需的水分主要来源于培养料，当幼菇长至拇指大小时控温在 18 ~ 23℃恒温培养，促进菌柄伸长。

2. 菌蕾管理技术

茶树菇的开袋时间应掌握在原基已分化出现菌蕾时，撑开袋口，将袋膜向外翻卷，下挽至高于料面 2 厘米处为宜。开袋的时间过早或过迟均会影响产量，过早难形成原基或原基生长缓慢，育菇也不齐，不便管理。

3. 商品菇管理技术

保持室内空气新鲜，常以温和的形式通风换气。一般每小时通风换气 5 ~ 6 次，每次 5 分钟。菇房气温应控制在 18 ~ 23℃，温差不必过大。空气相对湿度逐渐提高到 85% ~ 92%，并给予 800 ~ 1 000 勒克斯的光照度，光照时间为 12 小时，这样显蕾多、育菇快且齐，便于管理，10 ~ 15 天可采收。

八、采菇

采菇时，应注意自身安全，踩实站稳，保质保量。采菇前必须净手，戴帽，穿工作服，戴一次性手套。当茶树菇菌盖尚未开伞、边缘上翘呈小馒头状时，即可采收。采菇前 8 小时内不得加湿或喷水，须在 5 ~ 7℃下，自上而下进行。一次性全部采干净。采菇时下刀必须将子实体蒂根全部挖掉，不留任何残余。采菇后 25℃恒温培养 24 小时，待菌丝恢复以后继续进行育菇管理。采菇后依次清理现场，以洁净为准。室内全部子实体采收后，须彻底清理现场，并干燥后彻底消毒。

九、包装

茶树菇包装时，应严格标称，保质保量。包装前必须净手，戴帽，穿工作服，戴一次性手套。分级下刀时，必须以将子实体蒂根全部切掉不留任何残余为准。包装时必须在 –3 ~ –1℃下进行。每箱茶树菇鲜品净标重的质量应超过 15 千克。与茶树菇子实体接触的包装纸必须符合国家标准。茶树菇子实体按照等级分级，然后整齐码放，菌盖朝一侧，用聚乙烯的塑料袋抽气封口，整齐码入箱体，胶带封箱。箱内不得有任何杂物和异物。严格按照茶树菇分级标准分级。定时清理包装现场。

茶树菇优质品标准：一般现蕾后 7 ~ 10 天，菌盖尚未开伞呈馒头状，孢子尚未弹射时可采收。菌柄长 15 ~ 17 厘米，直径 1 厘米，菌盖直径 1.5 厘米左右的茶树菇为优质品。

十、贮藏

包装箱必须整齐存放，冷库码放必须设有模板并 4 箱一层垛起，垛的顶层留有 0.6 米空气流通层，每垛留有 20 厘米的空间。冷库贮藏阶段必须 -28℃速冻 6 小时（以表层似冻非冻为准），尔后立即转入 –18℃冷藏库，–2 ~ –1℃保存 60 天（以表层似冻非冻为准）。销售时提前 24 小时转入 –1 ~ 4℃保鲜库。包装时必须在 –3 ~ –1℃下进行。严格冷库观测和出入库登记制度。

十一、保鲜与加工

将子实体的菇柄切成 10 ~ 15 厘米，并立即整齐码放入长 30 厘米、宽 47 厘米、高 20 厘米的泡沫箱中，每箱可装鲜菇 4.5 千克，冷库内温度 10 ~ 15℃子实体可保质 4 ~ 5d，4 ~ 10℃可保质 15 ~ 25d，0℃可保质 1 ~ 2 个月。

茶树菇可制干品切片，长 5 厘米、宽 5 厘米、厚 6 ~ 8 毫米，成品含水量 < 12%，真空保鲜。

杏鲍菇菌渣栽培姬松茸技术

贵州贵福菌业发展有限公司　朱小光

姬松茸又名巴西蘑菇、小松菇等，菇体爽滑脆嫩，味道香郁鲜美，含有多糖、麦角甾醇类，富含蛋白质、氨基酸等多种活性物质，具有抑制肿瘤、提高免疫力、抗氧化等多种药理作用，是一种食药兼用的、营养价值极高的食用菌珍稀品种。

近年来，随着食用菌产业的迅猛发展，生产原材料日益紧张，价格不断上涨，寻找新的原材料资源是一些大型种植基地的重要任务。杏鲍菇菌渣量大，容易运输，用其种植姬松茸，既能降低成本，又能提高经济效益，是实现循环经济的一种好途径。

一、季节的选择

姬松茸的最适宜出菇温度是 18 ~ 22℃，低于 15℃或高于 32℃均不容易出菇，一般在播种后 40 天左右开始出菇。根据出菇的温度及自然气候条件，一般选择春栽或秋栽，产菇期可以集中在适宜的季节。

二、栽培场地

栽培场所应选在交通便利，开阔通风，排水畅通，远离居民生活区、畜禽养殖场和化肥农药污染场所的地方。菇棚搭好后，在进料前两天用 0.1% 的多菌灵加敌敌畏或菊酯对场地进行消毒处理。

三、培养材料

每 100 米^2 投料为杏鲍菇菌渣 5 600 千克、牛粪 1 050 千克、豆饼 45 千克、尿素 11 千克、过磷酸钙 20 千克、石膏 20 千克、生石灰 20 千克。

四、堆料

先将杏鲍菇菌渣粉碎，然后和牛粪、豆饼、尿素混匀，加水调至含水量为 68% ~ 72%，再进行建堆发酵，堆高 1.5 米、宽 2.0 ~ 2.2 米，长度可以根据场地而定，过磷酸钙、生石灰、石膏可在第一次翻堆时加入，建堆完成后在料堆四周打上通气孔，堆顶做成龟背形，雨天盖上薄膜，防止淋雨。

建堆发酵一般需要翻堆 3 次，翻堆间隔时间为 6 天、5 天、4 天。翻堆时，生料倒回中间，中间的熟料放外面，以保证堆料腐熟度均匀，发酵 15 天左右，料呈棕色，培养料含水量为 60% ~ 68%，手抓一把培养料用力挤，指缝有二二滴水为含水适宜，pH 为 7.8 左右。

二次发酵必须全面检查菇房，不得漏气。培养料进房后，关闭门窗，让其自然升温。二次发酵分为三个阶段，前阶段为升温阶段，即将料堆温度上升至 58 ~ 62℃，并保持 8 ~ 12 小时，进行巴氏消毒；中间阶段为保温阶段，将料温升至 50 ~ 52℃，保温 3 ~ 4 天；最后阶段为降温阶段，将料温缓慢降至 27℃以下时，二次发酵结束。培养料呈褐色，无板结、无氨味、无臭味，有白色腐殖霉，pH 为 7.8 ~ 8.0，含水量为 62% ~ 65%。

五、播种

培养料温度降至 27℃时，把培养料均匀刮平，厚度为 20 ~ 25 厘米，每平方米用麦粒种 1.5 ~ 2.0 瓶，采用撒播方式。播种后 2 ~ 3 天内，适当关闭门窗，保持较高的空间湿度，促进菌种萌发，若菇房温度超过 30℃，应通风降温，控温控湿，密切观察。

六、养菌

播种后至覆土大约需要 30 天，初期以保温为主，空间相对湿度为 80% ~ 90%；

发酵中期应加大通风量，降低湿度，促进菌丝向料内生长；发菌后期注意料内温度升高变化，增加通风次数，保证氧气充足。

七、覆土

正常情况下播种后30天左右即开始覆土，覆土的土质好坏直接影响姬松茸的产量和质量，要求是保水、通气性能好的泥炭土、田底层土、垄糠泥土等，以泥炭土最好。覆土前两天喷0.2%敌敌畏杀虫。将土质用石灰水调至pH7.0 ~ 8.0，采用平铺式覆土，厚度为3厘米，土粒直径1.0 ~ 1.5厘米，覆土要求均匀一致，室内空气湿度保持在85% ~ 90%。覆土后2 ~ 3天应关紧门窗，待菌丝爬土时通风换气，适当向地面喷水，让空气清新、湿润，促进菌丝迅速爬土。

八、出菇管理

一般播种后40天左右，菌丝生长发育得粗壮，拔开土层见大量洁白的索状菌丝，少量菌丝爬上土层，这时喷1次出菇水，每平方米喷1 ~ 2千克。喷水时要匀细，喷后打开门窗通风，每天通风2 ~ 3次，菇房空间湿度保持在85% ~ 90%。每天轻喷水1 ~ 2次，保持覆土湿润，雨天少喷或不喷，晴天多喷，房内温度保持在20 ~ 25℃，促进原基大量发生，当原基长至花生米粒大小时停止向菇床喷水，保持湿度，约7天就能采收。第一茬采收完后停水养菌5天左右，向菌床喷1次重水催二潮菇，正常情况下可采收4 ~ 6茬。

九、采收

姬松茸菌盖刚离开菌柄，尚未开伞，表面淡黄色，菌盖的纤维呈鳞片状，菌褶内层菌膜尚未破裂时采收。采收后削去菌柄土粒，然后进行保鲜、盐渍、脱水、烘干等加工程序，最后包装即可销售。

羊肚菌遮阴棚仿生态栽培技术

巴中市富康菌业有限公司　刘从甫

一、效益分析

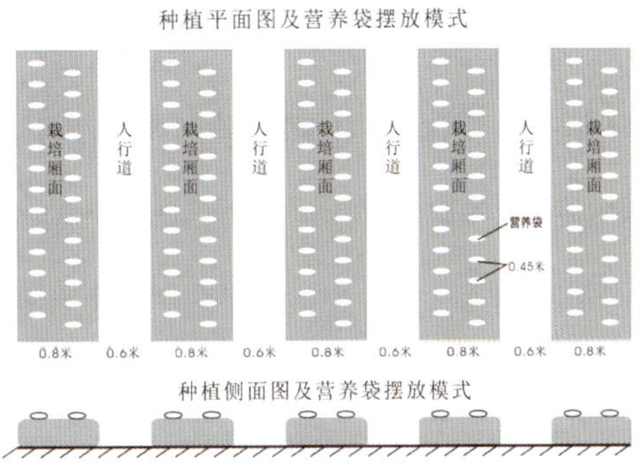

羊肚菌仿生态栽培技术图解

羊肚菌仿生态种植是近几年才逐渐兴起的创新技术，在从业者及科技人员的共同努力下，本公司通过六年的成败经验总结，人工栽培技术及产量有了较大突破。该羊肚菌栽培技术的特点是无料栽培、半保护栽培、低温栽培、农闲栽培，用工少、操作易、周期短、投入少、见效快、效益好。每亩羊肚菌的菌种及营养袋的成本为 4 200 元，自购遮阳网 800 元，竹竿、铁丝 200 元，土地租金 300 元，人工费 700 元，总投入 6 200 元。亩产量 300 ～ 400 斤，产量高的可达 500 ～ 600 斤，产量与播种时间、土壤、气候、管理有关，质量与气温、采摘时间、采摘方法有关，正常情况下，优质菇比例可达 90% 以上。鲜菇价格按优劣在 40 ～ 100 元 / 千克，亩产值为 12 000 ～ 20 000 元，亩净利润为 5 000 ～ 12 000 元，是目前食用菌品种中栽培效益较高、市场前景较好、种植户比较青睐的项目，也是农业产业结构调整菌粮轮作的首选项目。

二、栽培技术

1. 田地选择

栽培场地应选择在靠近水源、地势平坦、交通便利、背风向阳的地方，实践证明沿河两岸的河滩地最佳。羊肚菌属于好气性真菌，需要土壤滤水性好、透气性强，沙壤土和沙砾土是理想的土壤，既能保湿又能透气，其次是壤土和红壤土，最差的是黏性强的黄泥土。

2. 播种时间

要求气温低于 20℃时开始播种，一般在阳历 10 月下旬至 12 月上旬期间，但以 11 月最佳，若遇雨水过多、地太湿的情况可顺延播种期。

3. 搭遮阴棚

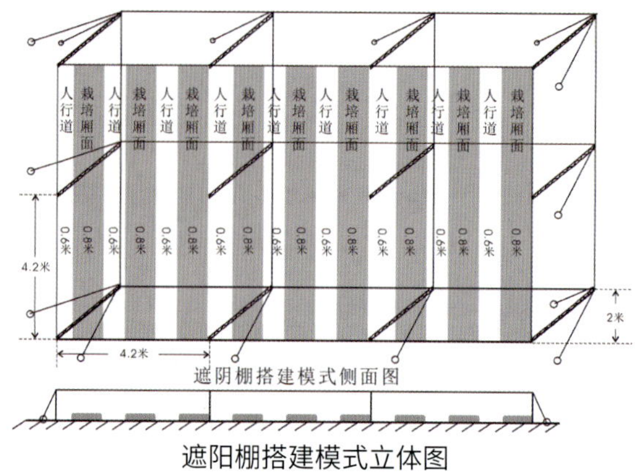

遮阳棚搭建模式立体图

用旋耕机将地四周或全部打细整平，在 4.2 米 ×4.2 米的土地上放线，用打孔机钻地孔，用 2.3 米高的斑竹做立柱，每根斑竹顶部钻有 4 个孔，立好后用 3 号铁丝或钢胶线交替横纵拉紧并固定在四周地桩上，然后上面铺盖 4 针密度的遮阳网，四周再用土压实即可。

4. 播种

按厢面 0.8 米、行道 0.6 米打线划厢以备播种，通常是采取撒播方式。播种前计划好每厢用种量，将菌种袋撕破取出菌种，捏碎，用大容器拌匀，均匀地撒在 0.8 米宽的厢面上，再用行道内的土粒均匀地覆盖在菌种上面，覆土厚度为 1 ～ 3 厘米。规模化种植时为降低劳动强度，建议使用菌袋分离机绞菌种，用开沟机整厢开沟，人工播种覆土。

用种量：使用规格为 15 厘米 ×30 厘米的菌种袋，每亩 200 袋，每袋播厢面长度为 2.4 米。

三、管理技术

1. 播种后的发菌管理

播种后第二天菌丝开始萌发，第三天根据土壤干湿情况可适当调水一次，之后应经常观察厢面菌丝长势，检查干湿度，以手捏有裂口为宜，保持含水量在 60% ～ 65%，建议气温低于 12℃时，播种后应覆盖地膜保温保湿发菌，促其菌丝生长。白膜增温，黑膜抑草，根据实际情况选择。

2. 摆放营养料袋及管理

每亩用营养料袋 1 800 袋以上，播种后半个月左右厢面布满白色粉末状分生孢子，即可放置营养料袋，方法是将营养料袋侧面用钉板打若干个小孔，随即放在厢面与菌丝紧密结合即可。管理方法跟播种后的管理一致，同样建议盖上地膜保温保湿。营养料袋生长约需 50 天，其间严禁移动营养料袋。

3. 出菇管理

一般在春节前后当气温回升到6℃以上时可将厢面营养料袋捡出，无感染也可不捡，要及时调次重水，刺激菌丝苏醒，从营养生长转入生殖生长，随后采取轻喷勤喷的方法保持湿润，厢面白色孢子粉会逐渐消失，土表颜色由浅变深，并有少量苔藓生长。羊肚菌孕育子实体阶段，要保持厢面湿润，至羊肚菌长到3厘米以上，温度范围在8 ~ 18℃，幼小的子实体到长成熟需15 ~ 25天，规模化种植建议安装喷水带，可节约劳力，减少对幼菇的损坏，稀疏的杂草有利于羊肚菌的生长，但密度过大会影响羊肚菌的光照和营养。

四、采摘技术

羊肚菌属高档生活消费品，对品质要求较高，要特别注意采摘时间和方法，当羊肚菌生长至菌体饱满、菌帽脉纹展开高度5 ~ 6厘米时要及时采摘，方法是右手捏住菇帽下边的菌柄1.5厘米处，用指甲切破菌柄往内掰断。采下的菇轻轻放入塑料筐或桶里，交菇运输必须使用专用的可重叠的塑料筐并及时运送到加工厂。

五、病虫害防治技术

由于人工种植羊肚菌是仿野生栽培，初春气温较低，除蛞蝓（旱蚂蟥）外尚未发现明显的虫害，可在出菇前用四聚乙醛颗粒撒在厢面上诱杀。白色镰刀霉菌是高温高湿诱发滋生的内生性病菌，可在初发生时用土霉素20片、食醋50克兑水一桶喷雾防控。

土洞栽培鸡腿菇技术

山东省梁山县农业农村局　张忠旺

鸡腿菇是一种中温型草腐性土生菌，是华北平原春、秋两季常见的一种野生菌，现已人工驯化成功。

一、土洞的构造

土洞是山东省平阴县和东平县菇农的一个伟大创新。土洞一般长 50 ～ 100 米、宽 2.5 ～ 3.0 米、高 1.8 ～ 2.2 米，所做成的土洞应是直筒为宜，不要有拐弯，地面尽量水平，洞顶土层尽量厚些，一般在 4 米以上，否则雨水过大很容易造成塌方。土洞的末端要有换风口，引风机放在下方，往上引风，洞口要有 2 ～ 3 道闭风门，以防止过热或过冷的风吹进洞内菇体上，造成菇体病虫害的发生。

二、培养料配制

对于鸡腿菇栽培所需的原料一般采取“就近使用”原则，也就是说，在附近寻找适合鸡腿菇菌丝生长的、含纤维素和半纤维素比较丰富的、价格便宜的农作物秸秆，酒、醋、醛、醇等下脚料，以及栽培木腐菌的菌渣等，按一定比例配合在一起，都可以生产鸡腿菇。混合料营养较全面，所生产出的鸡腿菇品质好、抗病、产量较高。在华北平原，一般配方如下：

①玉米芯 40%，豆秸 40%，麸皮 15%，石灰 3%，过磷酸钙 2%；料水比为 1.0:1.5。

②鲜酒糟 82%，麸皮 15%，石灰 3%。

③杏鲍菇菌渣 80%，麸皮 20%；水根据经验添加。

④玉米芯 67%，干鸡粪 20%，麸皮 10%，石灰 2%，过磷酸钙 1%；料水比为 1.0:1.5。

把上述原料先干混，再加水湿混，或者用拌料机直接混匀。把经过混匀的培养料堆制成宽 2 米、高 1 米左右、长度不限的料堆，料面每隔 20 ～ 30 厘米打一通气孔，当料温上升到60℃以上时，进行翻堆，把内部发黄、发酸、发臭的培养料翻到外部，再重新堆制发酵，一般间隔1～2天翻堆1次，连翻3～5次。掺有干鸡粪的培养料发酵时间应长一点，当培养料呈现茶褐色且有料香味时，即可降温装袋。注意事项：在发酵过程中，不能被雨雪冲淋；装袋前1天，不能再往料内加生水；装袋前培养料不能有氨味；凡是加鸡粪的培养料，其发酵时间应在10天以上。

三、装袋

当培养料发酵完成后，就可以装袋了。装袋前应先把料温降到30℃以下。在夏季，应在下半夜气温最低时装袋，上午8时前所有料带必须全部拉进洞内。所用塑料袋规格一般为50厘米×60厘米或47厘米×55厘米，所用的塑料袋应事先打好微孔。在装袋过程中，菌种应放在袋壁，不要放在培养料的中心，且菌袋高度不要超过20厘米，这样做的好处是在发菌过程中所产生的生物热能及时地散发出去，而不至于发生烧菌现象。

四、进洞发酵管理

在装袋之前，应先对土洞进行消毒处理，再把地膜覆在地上。菌袋放入土洞后，在摆放过程中，袋与袋之间应留有空隙，夏天应距5～10厘米，冬天应距1～3厘米。一般菌袋内料温以不超过25℃为原则，超过25℃非常容易出现鸡爪菌。整个土洞内放满菌包后，堵住洞门和放风口，用磷化铝进行熏蒸杀虫处理3～5天，一般60～100米长的土洞放2千克磷化铝即可。然后打开洞门和通风口进行通风换气，把毒气全部排放干净方能进入。每10～15天倒袋1次，20～30天后菌袋发满菌。

五、覆土出菇管理

当料袋满菌7～10天后，即可进行覆土管理。覆土有大覆土、小覆土之分，大覆土是把菌袋外面的塑料袋完全脱下来，摆在土洞的两侧，中间留出工作行，两边菌袋用土盖3～5厘米厚，这种覆土方式的优点是产量高，缺点是用土量大，菇体泥根较长，难刮费工，而且对土洞有一定的损害。小覆土就是把菌袋的袋口往外挽起来，往菌丝面上撒2～3厘米厚的湿土，再把塑料袋口轻轻合上，也可以不合塑料袋口，而是在上面覆盖一层地膜，这样都是为了避免覆土中的水分散失，经过15～20天，菌丝从覆土层中冒了出来，当覆土表面2/3长满鸡腿菇菌丝时，就可把塑料袋口重新挽起来或把地膜掀开，并进行灯光照射。一般每隔5～10米安装一个防潮灯泡，同时加强通风管理，每天通风0.5小时，灯光照射6～8小时。这样连续光照、通风2～3天后，当看到土面菌丝有倒伏或聚集成小白点现象时，即可二次覆土。

二次覆土时间的掌握是提高鸡腿菇产量和质量的关键。二次覆土用干细土，覆土厚度不超过 0.5 厘米。二次覆土后应继续灯光照射，每天 6 ～ 8 小时，通风 0.5 小时。当有菇蕾破土时，通风时间减少为每天 1 ～ 5 分钟。如果通风时间过长，会造成菇蕾表面冷凝成小水珠。当菇蕾表面出现小水珠时，应用干细土把小菇蕾埋上，目的是吸取菇蕾上的水珠，以防菇蕾过湿而发黄发病，这是对菇蕾的一种保护措施。当 2/3 的菌袋出现菇蕾时，应停止通风换气和灯光照射，因为大量的通风和光照，不仅会造成菇帽过大、发黄，还会抑制菇柄的伸长，从而使菇体的商品价值变差。在出菇期间，洞内气温不要超过 25℃，料温不要超过 28℃，否则很容易造成菇根发黄发黑现象，还会出现因开伞过快、采摘不及时而生成开帽菇的现象。一般最佳洞温为 21 ～ 23℃，最佳料温为 23 ～ 25℃。也有一些情况，如洞温和料温始终上不去，始终在 18℃或以下，则会造成菇体生长缓慢、现蕾稀疏等现象，从而影响产量，延长出菇期。这时应采取加温措施，用小型蒸汽发生炉往洞内通蒸汽的方式升温即可，一般在现蕾期通蒸汽 3 ～ 5 天，当菌袋都出现菇蕾时，应停止通蒸汽，在有小水珠的菇蕾上及时地撒上干土。

六、采摘

当菇体 6 ～ 7 分成熟时，应及时采摘。在采摘时应采大留小，尽量避免触碰小菇。在采摘过程中，应及时去掉病菇、畸形菇及其残留的菇根。采摘下来的鸡腿菇按照客户的要求，简单加工，及时放入包装袋内，抽成真空，系紧扎口，再及时放入冷库降温待运。

夏季香菇栽培技术及品种选择要点

河南省汝州市朕迪农业科技有限公司　孙国政

我国地域辽阔，各地气候差异极大，但是一年四季均有香菇栽培，形成了各具优势的产区，如浙江庆元、福建古田的冬季出菇区，湖北随州、河南西峡的秋冬春出菇区，河南灵宝、河北平泉、辽宁岫岩的夏季出菇区，河北遵化的秋冬季出菇区，河南泌阳、汝州的全年出菇区。这两年山西交口、甘肃陇南、贵州铜仁等新的优势产区也得到迅猛发展。

我国香菇从南到北所采用的品种并不太多，但各具优势。香菇栽培是个综合学科，要想获得可观的经济效益，必须结合气候特点、品种特性、出菇季节及自身的养菌条件，合理制定生产周期，否则将会带来不可估量的经济损失。

一、栽培管理要点

出好菇和形成高产优势是香菇栽培的最终目标，其中制棒与养菌管理尤其重要，只有把养菌的基础打好，才有获得高产优质菌菇的可能。

短菌龄广温型品种：重点是防止未完成转色就形成憋袋菇的现象发生，要在菌棒长满后尽早刺孔增氧，促进菌丝熟化，但一定要保持恒温。转色期间不翻堆或少翻堆。

中温中熟品种：切勿低温养菌，当菌棒发满后，尽量创造瘤状物发生的条件，防止出现铁棒。转色期间要勤翻堆，让每一个菌棒充分接受通风与光照，达到转色均匀一致的目的。转色结束出菇前用手指捏菌棒，内硬外软为最佳。

出菇期管理：一定要结合品种特性、当时的气温、菌棒的成熟度确定是否上架出菇或采取相应的技术措施。

二、栽培过程中的常见问题及原因

养棒高温现象：气温较低时为保温而忽视通风。

形成铁棒的现象：因怕高温烧菌，长期处于低温养菌状态，没有把握好尺度。

为应对铁棒的形成，应给菌棒进行刺孔增氧，促进菌丝熟化，要创造最适出菇条件且给予无氧刺激。

头茬出假菇的现象：积温不足与外界环境不适应等综合原因造成。

头茬不出菇或出菇少的现象：菌棒发育很好，积温也够用，但还是不出菇，与当时气温过低有关系。

爆出的现象：早熟品种菌棒成熟度不足，又遇上最适出菇条件；中熟品种瘤状物发生非常均匀一致的菌棒，遇上最适出菇条件易形成爆出。

三、品种的选择

当前我国香菇品种有四类：70天菌龄的中温偏低型品种；80 ~ 100天菌龄的广温型早熟品种；110 ~ 120天菌龄的中温中熟品种；130 ~ 150天菌龄的中温偏低型品种。

香菇工厂化集中生产菌棒供应农户出菇管理的运营模式，早期制棒应选择110 ~ 120天菌龄的中温中熟品种，晚期制棒应选择80 ~ 100天菌龄的广温型早熟品种。

本公司研发的夏一香菇品种，菇柄短、呈倒三角形，菇型圆正缺口少，菇顶稍鼓，高温期及成熟期顶稍平，属硬质菇。在适温期开伞后呈铜锣边，顶面平展，春秋季易形成花菇，耐运输耐保存，市场流通性好。菇面夏季为白色、春秋季为粉白色，冬季温度低于10℃时菇面颜色稍黑，在高温闷气的环境中菇面黄白。该品种菌丝活力强、气味清香，菌龄80 ~ 100天；最适出菇温度为14 ~ 25℃，最广出菇温度范围为6 ~ 32℃，温差5℃以上，可偏湿管理；菌丝长满后特别容易起菌瘤，菌棒转色轻时易出密，转色重时易出稀。该品种相比同类品种有转色快、产量高、菌丝旺、抗杂能力强等优点。

四、菌种的选择

当前我国菌种市场监管力度不够，有同种异名等市场乱象，且没有详细的品种特性介绍及管理要点阐述，误导或坑害菇农的现象非常严重。菌种是食用菌生产中最重要的原料，虽仅占生产投资的15% ~ 20%，但基本决定了整个周期的经济效益。建议从业者在选择菌种时应注意以下几点：

①购买菌种先看菌种的种性介绍，了解适宜出菇的最适温度范围及最广温度范围，最广温度范围比最适范围更重要；还应了解菌龄的长短、积温的高低、商品性状、管理要点等。

②看菌种场的实力，是否设有实验室或具有菌种的检测保藏条件，查看品种来源，是否能保持种性的一致性、稳定性、纯度及恒温培养。

③要查看菌种场是否有种源及发放区域的出菇案例和菌种可追溯体系档案。

南方冬木耳袋料仿野生栽培技术

江西麓林现代农业有限公司　吕福林

我国南方黑木耳以口感独特、营养丰富而深受消费者喜爱。近年来，经过大田荫棚地栽、椴木栽培、野外层架立体栽培等不同模式的探索和种植实验，目前我国南方形成了以木屑、棉籽壳、麦麸、玉米芯为主要原材料，以聚乙（丙）烯塑料袋为容器的露天仿野生地栽模式，生产规模日益壮大。

笔者根据我国黑龙江等黑木耳优势产区的生产技术，融合江西省独特的气候、地理条件，总结形成了适用于江西等南方产区黑木耳生产的技术要点，具有实用性和可操作性，希望对黑木耳种植户能提供启迪和帮助。

一、菌棒生产

1. 备料

黑木耳生产季节性很强，栽培所需原料必须在生产季节前准备好，木屑、聚乙烯袋需在生产前 1 个月备好，不易保管的麦麸、糖也应在生产前数天备好。

2. 配料

按配方要求尽可能准备好各种原辅材料，放入搅拌机内翻拌或人工拌料，反复 2 ～ 3 次即可。配制培养料需注意两个问题：一是木屑与辅料的干湿度、酸碱度等力求均匀；二是秋季气温在 25℃以上时，要防止拌料时间太长导致培养料发生酸变。

3. 水分测定与添加

适宜的培养料含水量为 52% ～ 55%，一般每支标准菌棒（15 厘米 ×55 厘米规格筒袋）的料水重量为 1.6 ～ 1.8 千克，大于 1.8 千克的含水量偏高，小于 1.6 千克的含水量偏低。菇农往往用感官测定，即用手握紧培养料，指缝间有水溢出但不下滴，松开手指料能成团、落地即散比较适合。

4. 酸碱度的测定

黑木耳培养料的 pH 以 5.5 ~ 6.0 为宜，气温较高时为防止培养料酸化，配料时可加入 0.5% ~ 1.0% 的石灰。

5. 装袋

拌料结束后应立即采用装袋机装料或人工装袋，装袋完毕后即可转入灭菌。

6. 灭菌

灭菌的目的，一是杀死菌袋物料环境中的一切微生物；二是使培养料熟化，菌丝更易分解、吸收、利用培养料中的营养。黑木耳菌棒灭菌一般采用常压蒸汽灭菌法，灭菌开始时火力要旺，灭菌房内温度上升至 100℃时开始计时，保持 25 ~ 30 小时，待冷却后即可出锅。

二、接种

目前菌棒接种方式有两种：一种是接种箱法，另一种是开放式接种法。接种箱法具有接种成品率高、效果稳定等优点，缺点是速度较慢；开放式接种法接种速度快、工作效率高，缺点是技术要求较高，效果不够稳定，灭菌药品用量大。

接种箱法的接种箱要根据接种实际操作情况制作，接种开始时先在接种箱内放入菌棒和菌种，菌棒不能装得太多。若装太多，一是不方便操作，二是接种时间太长，三是不方便在箱中间空出位置为接种留空间，用于摆放打洞棒、菌种、酒精药棉、消毒药品等容器。放好菌棒以后即可对接种箱内环境进行灭菌，常用的方法是气雾消毒法，灭菌 0.5 小时。接种人员应预先用清洁的水洗净双手，伸入接种箱后再用 70% ~ 75% 的酒精棉擦洗双手后，再把打穴棒（木制、铁制）擦洗消毒，完毕后可以开始打穴接种，在菌棒表面同一方向均匀打 3 ~ 4 个接种穴，直径 1.5 厘米左右，深 2.0 ~ 2.5 厘米，然后用手成块掰下菌种，塞入接种穴，要求种块与穴口膜接触紧密，封死接种穴。接完种之后立即给菌棒套上套袋，套袋的作用是防止发菌初期的杂菌感染，此外隔离菌棒外部高温，已接好种的菌棒随即要转入养菌大棚发菌。

三、大棚养菌期管理

黑木耳菌棒的发菌管理是栽培的关键环节，菌丝生长的好坏与质量和产量密切相关。温度、氧气、光照是影响菌丝生长的最主要因素。

1. 场地清理和消毒

先在养菌大棚内撒上一层熟石灰进行杀虫杀菌，在菌棒堆入前 24 小时用 0.2% 的多菌灵溶液喷洒地面消毒，再盖上一层塑料薄膜。

2. 菌棒的堆放

菌棒的堆放方式较多，其差异在于堆温、通气的调节程度不一。一般采用就地堆放，堆放菌棒 7 ～ 10 层，堆放时要保持好堆与堆之间的距离，保持散热和通风，避免烧菌闷棒现象的发生。

3. 温度管理

菌丝生长以 25 ～ 28℃最好，秋季前期制棒要以采取降温措施为主，早晚打开门窗通风降温，上午 9 时至下午 4 时关闭遮阳网遮阴降温，防止太阳直射。在气温高的天气，培养室外和顶棚还可采取喷水的措施进行降温，但要注意及时通风，否则高温高湿的环境极易引起杂菌的感染。

4. 通风管理

黑木耳为好氧性真菌，它是目前人工栽培的对氧气较敏感的菌类，在整个培养过程中要确保菌棒周围空气流通新鲜，要加强房间通风换气，如发现有杂菌污染的菌棒要及时处理。

5. 光照控制

黑木耳菌丝生长阶段不需要光线，光对黑木耳菌丝有刺激作用，会促进耳芽形成，影响菌丝体正常生长，所以培养时要提供黑暗条件。一般 35 ～ 40 天菌丝可以长满全袋，菌丝长满袋后，应使用温差刺激并见光，继续培养 2 天后再转入打孔、催芽、出耳管理。

四、出耳场地管理

一是出耳场地要求是阳光充足、通风良好、地势较平坦、易排水、离水源近的地方。在地面上做宽 1.2 ～ 1.5 米的铁丝架，架与架之间间距为 0.5 ～ 0.6 米，长度因地势而定，在出耳场地的四周开好水沟，水沟以宽 0.5 米、深 0.2 米为宜。

二是摆放菌袋前应喷洒 500 倍的多菌灵，再铺上地膜准备摆袋。

三是打孔时要避开强光和大风大雨天，打孔后随即转入大田，以“人”字形依靠在铁丝架上。如遭遇恶劣天气，可先打孔口，以“井”字形码放在养菌棚 3 天，待伤口愈合后下田。

四是安装雾灌设施时，主管（直径 40 ～ 50 毫米，连接水源，分管直径 20 毫米）铺放到大田，方向与铁丝架方向一致。喷头与喷头之间距离为 2 米，喷头距地面高度 80 厘米。

五、出耳管理

一是摆袋 7 天后，采用水雾喷头调控基质和空气湿度，喷水的原则是“干湿交替”，细喷、勤喷。

二是要求温度在 26℃以下方可喷水。晴天温度高于 26℃时，应在晚上喷水；阴天温度低于 26℃时，白天可以喷水。

三是耳牙期继续保持床面湿度，同耳基形成期一样喷水。切记不要直接向菌袋上喷大水，因幼嫩的耳牙吸水过多会使细胞膨胀破裂，导致感染。

四是子实体生长期耳牙生长较快，水分湿度保持在 90% ~ 100%。随着耳片的渐渐长大，应逐渐加大喷水量和通风量，大湿度和大通风是黑木耳迅速生长的关键。

在水分管理上，要遵循“干长菌丝、湿长耳”的规律，采用“干湿交替”的管理方法，白天床内湿度小，傍晚和清晨喷水增加湿度，便出现干湿交替，利于黑木耳正常生长。

六、采收

黑木耳采收标准的确定是根据不同类型黑木耳子实体的发育特点和黑木耳的采收用途，一般要求品质达到最优时采收。

一是耳片舒展、朵片肥厚、摇动菌袋时可以看出耳片颤动，凡具备以上特征的就是成熟的黑木耳，不论耳片大小均应立即采摘。

二是为了适时采收，使黑木耳晾晒干制外形美观，采收木耳应在雨后初晴待耳片收边时进行，也可在耳片全干后趁晴天晨露未干、耳片潮湿时采摘。如遇当晚有雨，应加大人力，当天采完。如果遇到高温天气，六成熟就要采摘，避免流耳、烂耳、老耳，降低产品质量。

三是采收黑木耳要连耳根一起采干净，如果有耳根没有及时采下，残留耳根雨淋后会溃烂，引起杂菌的危害。不同时期长出的黑木耳，采摘的要求也有所不同。冬木耳（11 月至次年 3 月初生长的黑木耳）要求采大留小，因为这期间气温较低、虫害少，应把幼芽留下来，让它继续生长。春木耳（3 月初至 5 月初生长的黑木耳）要求大小一起采收，因为这期间气温高、虫害多，留下来的幼耳常会出现病害。

四是采下来的黑木耳应搭建晾晒架进行晾晒，这样才能晒出好质量的黑木耳。

我国羊肚菌生产技术创新与探索

河南省许昌市真菌学会　丁志敏

羊肚菌俗称羊雀菌、包谷菌等，隶属子囊菌亚门、盘菌纲、盘菌目、羊肚菌科、羊肚菌属。羊肚菌是一种珍稀的野生食用菌，也是一种高级营养滋补品。羊肚菌在国际市场上供不应求，价格一直居高不下。近年来羊肚菌在国内种植与销售越来越多，传统的生产工艺制约了羊肚菌的发展，笔者根据羊肚菌的实际生产情况，进行了羊肚菌栽培技术的创新与探索，希望为羊肚菌开发和推广提供帮助。

一、优质菌种的创新研发

2013 年以来，笔者同相关研发单位从世界各地收集了不同特性的 10 个羊肚菌菌株，同时开展了 10 个品种的出菇试验，共进行 3 批次试验。通过对 3 批次试验的平均数据分析及成品羊肚菌的外观及质量对比，选育出了优质羊肚菌母株。根据羊肚菌异宗接合的特性，采用正交融合手段选育优良菌株，经云南、甘肃、四川、河南、湖北、江苏、吉林等地的区域试种，筛选产量高、菇形好、抗病能力强的羊肚菌作为优质生产菌株，采用液氮永久保存，以保证品种的纯正特性。

二、液体深层发酵在羊肚菌制种上的应用创新

羊肚菌隶属子囊菌，变异性强，目前国内外大部分羊肚菌制种均采用传统的固

体育种工艺，羊肚菌大面积推广种植，因母种扩繁代数增加，造成羊肚菌菌株品种特性的严重退化、变异、减产、病虫害大量发生及不出菇。传统的制种方式与方法已远不能满足羊肚菌发展的需要，根据这一现象，笔者采用液固结合的羊肚菌制种创新，获得了良好的效果。工艺流程是试管种→液体摇瓶→液体发酵种→生产种。

1. 母种配方

马铃薯（去皮）100 千克，磷酸二氢钾 1 千克，蛋白胨 1.5 千克，激活酶 2.5 千克，葡萄糖 10 千克，琼脂 10 千克，硫酸镁 0.5 千克。

2. 摇瓶配方

马铃薯综合培养基：马铃薯（去皮）100 千克，葡萄糖 10 千克，硫酸镁 0.75 千克，磷酸二氧钾 1.5 千克，激活酶 2.5 千克，维生素 B110 毫克，水 1 000 毫升。

蛋白胨、葡萄糖合成培养基：蛋白胨 2 克，葡萄糖 20 克，磷酸二氢钾 1 克，磷酸氢二钾 1 克，硫酸镁 0.5 克，维生素 B10.5 毫克，水 1 000 毫升，pH 为 7.0 左右。

3. 液体菌种发酵罐配方

马铃薯（去皮）20%，麦麸 2%，激活酶 1%，葡萄糖 20%，蛋白胨 0.3%，磷酸二氢钾 0.1%，硫酸镁 0.05%，复合维生素 B1（1 升加 10 毫克），食用植物油（1 升加 2 毫升），pH 为 7.0 左右。

4. 生产种配方

小麦 68%，湿细土 20%，木屑 10%，麦麸 5%，石膏粉 1%，pH 为 7.0 左右。

三、规模化、机械化的创新

近年来，羊肚菌种植规模越来越大，而受栽培羊肚菌最佳季节时机的限制，笔者采用机械化种植，为规模化、标准化、产业化找到了新的捷径。

选择地势平坦、水源较近、周边没有环境污染源的地块，每亩用 50 ~ 150 千克生石灰进行消毒处理后旋耕土地。用大豆播种机，每亩播种量为 175 ~ 200 千克，然后用微耕机进行微耕一次。用开沟机进行开沟，沟宽 30 厘米、深 5 厘米，畦宽 1.2 米 。用 15 厘米的开孔器开成间距 20 厘米的黑地膜，然后用覆膜机把打过孔的地膜覆盖到播种过的畦上。用 6 针遮阳网搭建成 6 米 ×45 米的标准遮阳棚，并安装定时微喷装置。

四、发酵料替代熟料营养袋的应用创新

传统的羊肚菌营养袋一般都是采用熟料，笔者进行了发酵料代替熟料营养袋，发菌快、菌核多，大大地节约了设备投入和人力资源，降低了劳动强度。

营养袋科学配料是羊肚菌栽培成功最关键的因素，按时间顺序，共分三个步骤：

1. 科学组方

①棉籽壳500千克，麸皮和玉米糁共50千克，石膏粉7.5千克，激活酶1.5千克，石灰10千克。

②玉米芯500千克，麸皮50千克，玉米糁25千克，石膏粉7.5千克，激活酶1.5千克，石灰15千克，营养素0.5千克。

③豆秆500千克，麸皮和玉米糁共75千克，石膏粉7.5千克，激活酶1.5千克，石灰15千克，营养素0.5千克。

④棉籽壳250千克，玉米芯250千克，麸皮和玉米糁共50千克，石膏粉7.5千克，激活酶1.5千克，石灰12.5千克，营养素0.5千克。

⑤麦秸（玉米秆、野草、稻壳均可）175千克，锯末75千克，棉籽壳250千克，麸皮和玉米糁共75千克，石膏粉7.5千克，激活酶1.5千克，石灰10千克，营养素0.5千克。

2. 拌料

第一步，先把棉籽壳、玉米芯等主料平摊在地上，然后上水650千克，为防止水分流失，要边兑水边翻料，并使水料充分掺匀；第二步，把激活酶、石膏、蘑菇增产素等辅料分别兑水均匀地撒在主料上，然后把麸皮、玉米糁和石灰在水泥地上掺和均匀后平撒在主料上；第三步，把各种主辅料用机械或铁锹充分翻匀，拌料结束，如果加锯末，锯末需提前6 ~ 7天发酵。

3. 建堆发酵

建堆发酵是羊肚菌营养袋制作非常关键的一步，必须高度重视。建堆前首先在场地中央用木板紧贴地面搭成“人”字形风口，使外部新鲜空气源源不断地进入料中。然后，把翻匀的料建成宽0.8 ~ 1.0米、高0.6 ~ 1.0米、长度不限的堆，每隔30 ~ 50厘米用铁锹把堆自上而下打成洞。最后把四周清扫干净，用透气的编织袋盖严料堆，使料既通风又保湿。经过1 ~ 2天，料温达到60℃以上，维持12 ~ 24小时开始翻堆，翻堆时，上部和底部的料放中间，中间的放上部和下部，四周打扫干净后按前述方法重新建堆。以后每隔1 ~ 2天翻1次堆，经过7 ~ 10天，当料内有大量放线菌出现、手握料有水渗出但不下滴时发酵结束，翻堆时，若发现料干，必须在装袋前3天补足水分。

五、真空鲜冻保鲜技术在羊肚菌上的应用创新

随着羊肚菌产业的快速发展，产品如何保鲜成为亟待解决的问题，因其采摘后菇体仍具生命力，如不及时保鲜处理，菇体生物活性会受不良外界环境和有害微生物的影响，从而降低产品质量。生命活动越强，鲜度下降的速度也越快，产品质量会越

来越差。采用真空鲜冻新技术能快速地去除有害微生物并抑制活体细胞繁殖率，控制鲜菇产品生理、生化等因素的变化，能使菇体生命活动处于最佳食用安全休眠状态，延长其货架寿命。

羊肚菌真空鲜冻保鲜技术的基本原理是利用动植物冬眠、休眠时体细胞分泌多糖物质“以冻抗冻”以保持生命体的机理，解决了传统冷冻导致的细胞膜破坏、口感变差、营养成分下降等问题，从而保持食用菌原有风味和营养价值，其保鲜期最长可达两年。真空装置可降低食用菌的环境压力，再经过从天然物质中制取的鲜冻液，快速吸收待冷物自身热量而降温，达到细胞不破裂、不产生干耗的效果。解决了冷库预冷过程中空气冻结热阻大、热导慢、耗电大的难题，大大降低了食用菌产品加工中的电耗，节能 60%，比常规冷库预冷的日产量增长 3 倍。

羊肚菌真空鲜冻保鲜新技术是目前国际上较先进的预冷方法，其可以快速均匀地除去采收菇体带来的田间生物热，降低了食用菌的呼吸作用，从而显著延长保鲜期，提高保鲜质量。真空预冷整体包装型冷却方式，整体冷却速率快、冷却均匀、无需冷库、操作方便。对食用菌行业来说，该技术的应用为保鲜期较短的食用菌出现的卖难买贵、调控乏力和食品安全等问题带来了新的解决方案，同时也降低了企业的生产成本，对我国羊肚菌产业的发展有着极大的意义。

平菇半熟料无污染开放式接种技术

临朐县红心农产品专业合作社 张玉红

所谓的半熟料就是培养料不用完全蒸熟，开放式接种就是在任何环境，不用任何杀菌剂，任何人员都可以随便打开袋口，直接用手把菌种抓入袋内封口，并且在20天内成功发满菌，污染率极低的接种方法。

改变传统的无菌工艺，在有菌的空间里，使只有平菇菌种生长的技术，就是平菇半熟料开放式栽培新技术。

一、菌种的选择

首推用原种替代栽培种直接栽培袋出菇的方式，原种一般菌龄短、菌丝活性高、抗逆行强，在同等气候条件下发菌成功率、产量可大幅提高，建议有条件的栽培户可以用原种直接用于生产。

二、原料配方

平菇半熟料栽培，核心就是原料的处理。国内栽培平菇的原料众多，原料的硬度、吃水的快慢、可溶性营养的多少、环境温度的高低都影响着原料的处理。因此，在处理原料之前一定要因地制宜，不可盲目照搬。原料的配方有以下两种：

1. 棉籽壳配方

棉籽皮85%，木屑5%，麸皮5%，石灰3%，微量元素2%；棉籽壳70%，土绒20%，麸皮5%，石灰3%，微量元素2%。

2. 玉米芯配方

玉米芯60%，木屑20%，麸皮15%，石灰3%，微量元素2%；玉米芯60%，棉绒20%，玉米面15%，石灰3%，微量元素2%。

原料配制结束后，料 : 水分 =1:（1.4 ~ 1.5）。

三、原料的处理

1. 培养料的预处理

培养料在没有加水之前，各种微生物处于休眠状态，一旦加上水，微生物开始活动，若想通过人工干预让微生物朝着好的方向发展，就必须进行人工管理，达到需要的结果。

主料充分拌匀，加水预湿，水的用量是料的 1.8 ～ 2.0 倍，原料发酵后要损失很多水分。原料预湿结束后，加入辅料拌匀后，起堆。冬季堆宽 1.5 ～ 2.0 米，高 0.5 ～ 0.8 米，长不限；夏季气温高时，堆高 50 厘米以下，一般 20 小时后开始升温，气温低时 1 ～ 2 天后开始升温。待料温均匀升到 40℃时，料温还受热不均，必须先翻堆一次，这样料温开始迅速升温，当料温升到 50℃以上时开始计时。

2. 棉籽壳配方处理

夏季尽量控温在 40 ～ 55℃，最好不超 55℃。控温方法：夏季气温高，料温很容易升到 60℃，因此要增加翻堆次数，气温升高时，一天可翻 2 次，并且把堆变矮，这样做的目的，一是降温，二是增加堆内氧气容量，微生物活动旺盛，料不会酸败。控温发酵 50 小时，最多 3 天。冬季气温低时，翻堆次数可少些，并且在料堆上打三排通气孔，以便通气，发酵时间延后 1 天。生石灰（用水分解开）在装料前 12 小时加入与主料拌匀。

3. 玉米芯配方处理

玉米芯原料的特点是颗粒比较大，硬度高，不易泡透，可溶性糖分高。基于这些原因，原料处理也应做相应的改变，预湿建堆方式是一样的，区别在于控温和原料的处理时间，也是 50℃以上开始计时，并控温在 40 ～ 60℃，最高温度不要超过 65℃，夏季最热时发酵时间 60 小时以上，冬季发酵 96 ～ 108 小时，装袋之前 12 小时加石灰。

无论用哪种方法，装袋之前一定要检查原料是否有氨味，如果有氨味可适当把料堆高，继续发酵最少 2 小时以上至没有氨味为止。

处理温度分两个阶段，50℃以下是培养杂菌的过程，杂菌的营养体不耐高温，有利于灭菌；50℃以上是培养有益菌的过程，有益菌耐 100℃高温，灭菌温度 100℃以下可大量存活。大量的实践证明，只有有益菌培养好了才能使培养料产生抗性、抵御杂菌的污染，才能在没有消毒的任何空间成功进行开放式接种。

栽培袋一般是长 45 ～ 46 厘米、宽 22 厘米、单面厚度 0.025 毫米的袋子，两头向里用缝纫机扎一排孔，用绳将一头扎活结备用。在装袋前用自走式翻料机进行翻堆。装袋分热装和冷装，装袋速度快时热装，以利于节能，装袋慢时则应降温至 30℃以下再装，以防袋料酸败。

四、灭菌

平菇半熟料灭菌和传统灭菌是截然不同的，不是彻底灭菌，一般要求倒数第二层袋子内部温度到85℃时停火，即锅炉内部不用再加煤，剩余煤燃烧完毕即可，闷一夜出锅，出锅后要迅速降温，以防有益菌二次繁殖。

灭菌方式很重要，一般在农村是用蛇皮袋装10个尺寸为22厘米 ×45厘米的袋子，也可用U形铁架等方式，袋子之间要留出足够的空间，以利于蒸汽快速穿透袋子。地面用砖垫高10厘米，铺上竹排，锅炉蒸汽管通入竹排下面。用薄膜覆盖四周并用重物压实，薄膜上面盖2 ~ 3层无纺布或者棉被，一般通气4 ~ 5小时即可灭菌结束，要求上午装袋下午灭菌，不用熬夜非常轻松。

五、接种和发菌

灭菌出锅后第二天袋子已经降下温来，即可接种。接种时用洗手盆盛放菌种，直接将原种掰碎，打开袋口用手抓菌种放入扎口即可。夏季温度最高时，单层排放，冬季可放4 ~ 5层。发菌要求通风良好，注意虫害。发菌8 ~ 10天，翻袋1次，因袋子两头扎有微孔，透气性好，菌丝生长特快，一般20天以内长满袋，最快15天满袋。

03 Mushroom Service Information

菌事服务指南

CEFIC

首批中国乡村菌业专家名录

（2019 年 6 月认定）

姓名	省份	单位	技术专长
刘海龙	北京	北京海龙食用菌种植专业合作社	食用菌菌种研发、制作及栽培
徐洪伟	天津	天津文清食用菌种植专业合作社	食用菌菌种制作及栽培
戴建良	天津	天津建良食用菌科技开发有限公司	香菇、白灵菇等新品种引进、育种、栽培及技术推广
饶自湘	天津	永富饶（天津）农业科技发展有限公司	菌种制作、栽培及深加工
周玉祥	天津	天津市俊华食用菌种植合作社	香菇、平菇、灵芝等食用菌菌种的研发和栽培
周永斌	天津	天津市食用菌技术工程中心	食用菌菌种选育、栽培和病虫害防治技术及工厂化生产与设计
陈肇祯	天津	天津市宝坻区和泰丰食用菌有限公司	金针菇等食用菌育种、制种及工厂化生产技术
吴则森	天津	天津市静海区则森食用菌种植专业合作社	食用菌菌种制作、栽培、香菇干制初级加工技术
王文治	天津	天津市天寿食用菌科技有限公司	食用菌新品种选育、菌种制作及栽培
郭庆柱	天津	天津市宏胜源食用菌科技发展有限公司	茶树菇、香菇、黑木耳、银耳、灵芝等食用菌的栽培
刘海刚	天津	天津市蓟县奥祥泽华白灵菇种植合作社	白灵菇、香菇等食用菌栽培
史宝山	河北	抚宁县台营镇万民食用菌种植专业合作社	食用菌菌种选育、制作及生产栽培
王志民	河北	青龙满族自治县东升食用菌专业合作社	食用菌菌种分离、一二级菌种制作及栽培
刘海生	河北	滦平县羊肚菌协会	羊肚菌暖棚栽培
付全国	河北	迁西县白庙子乡黑洼村	栗蘑和灰树花的栽培、菌种制作、园区规划等
李宝莹	河北	迁西县兴城镇西河南寨村	栗蘑菌种选育、菌种制作、菌袋生产及栽培
王增池	河北	沧州市职业技术学校	食用菌项目论证与申报、菌种制作、栽培及加工技术
梁晓生	河北	平泉市食用菌研究会	食药用菌品种选育、引进、驯化
刘海军	河北	平泉市食用菌研究会	食用菌品种选育、引进、驯化
孟凡飞	河北	平泉市食用菌研究会	食用菌菌种制作、栽培及技术指导
苏立作	河北	宽城县柳树下食用菌种植专业合作社	食用菌菌种制作、栽培及技术推广
陈啸天	河北	围场满族蒙古族自治县职教中心	食用菌液体和固体菌种生产工艺、黑木耳田间管理技术
候桂森	河北	阜平县食用菌专家组	香菇、黑木耳等食用菌菌种制作、栽培及技术推广
季占军	河北	河北菇友农业技术服务有限公司	黑木耳、香菇等食用菌的液体菌种研发及栽培技术
梁启亮	山西	交口县韦禾农业发展有限公司	食用菌菌种制作、香菇和平菇栽培
于珍	山西	交口县韦禾农业发展有限公司	食用菌栽培与管理、香菇工厂化管理技术
孙康	山西	交口县韦禾农业发展有限公司	食用菌生产与技术、液体菌种制作、生产运用技术
张拉生	山西	交口县双轩菇菜种苗有限公司	液体菌种制作、香菇和平菇栽培、食用菌设施设计规划

（续）

姓名	省份	单位	技术专长
席娟娟	山西	垣曲县娟娟种植专业合作社	香菇的栽培
徐国伟	山西	垣曲县娟娟种植专业合作社	香菇的栽培
张勇	山西	山西省农业科学院食用菌研究所	菌种育种，食用菌基地、工厂化建设，食用菌项目论证与建设
孙国琴	内蒙古	内蒙古自治区农牧业科学院	食药用菌资源保育与开发利用，食用菌栽培技术及培训
赵洪才	内蒙古	赤峰市元宝山区五家地区食用菌协会	菌种制作，双孢菇、滑子菇高产技术，平菇微孔定位出菇技术
马俊学	内蒙古	宁溪食用菌有限责任公司	草腐菌菌种制作，滑子菇栽培
徐占青	内蒙古	宁溪食用菌有限责任公司	菌种研发，滑子菇反季节生产，食用菌栽培
王振立	辽宁	大石桥市汤池镇食用菌联合社	香菇、平菇、滑子菇、金针菇等多品种栽培
王秀荣	辽宁	大石桥市东邑家庭农场	灵芝栽培
唐庆武	辽宁	灯塔市联盛种植专业合作社	蛹虫草及羊肚菌的育种、栽培及销售
于虎元	辽宁	朝阳市鑫源农副产品开发有限公司	食用菌菌种选育、研发与栽培，绿色标准化生产技术制定
姜百秋	辽宁	岫岩县牧牛镇益林食用菌合作社	香菇栽培和销售
江敦化	辽宁	岫岩县河畔灵芝种植有限公司	灵芝种植加工与销售
徐平原	辽宁	岫岩县牧牛镇钟家堡村谷东组	香菇、滑子菇的菌种培育制作、栽培
李秀成	辽宁	抚顺县锦六菌业	菌种分离、制作，香菇等菌棒制作及栽培
鲁玉满	辽宁	西丰县兴旺食用菌种植专业合作社	香菇、猴头菇、榆黄蘑菌种培育，香菇、猴头菇栽培
李强	辽宁	西丰县安民镇香菇食用菌合作社	香菇栽培
韩立有	辽宁	西丰县芝草养生谷灵芝专业合作社	灵芝的栽培及加工
崔红艳	辽宁	清原满族自治县民合食用菌合作社	香菇菌包生产、栽培及加工
王魁	辽宁	清原满族自治县民合食用菌合作社	香菇菌包生产、栽培及加工
蔡振平	辽宁	新宾县榆树乡蔡家村委会	香菇全熟料、半熟料菌棒制作与栽培
王明芳	辽宁	新宾县菇满香香菇种植专业合作社	香菇栽培
贾丽	辽宁	海城市西四镇太平村	香菇生产技术
齐旭	辽宁	海城市铭旭生物有限公司	食用菌菌种制作，香菇、平菇栽培及深加工
聂淑军	辽宁	建昌县农业技术推广中心	香菇栽培及技术推广
石玉吉	辽宁	建昌县农业技术推广中心	食用菌栽培技术及推广
郭继宝	辽宁	大连市三肽食用菌科技有限公司	野生珍稀菌类采集分离及驯化，食用菌深加工
陈其周	辽宁	沈阳市绿之谷现代农业有限公司	蛹虫草菌种选育、制作及栽培
杨文博	辽宁	沈阳市沈北新区新城苗圃	黑木耳、灵芝、北虫草、羊肚菌、香菇等栽培技术
孙立忠	辽宁	兴城市立忠食用菌专业合作社	食用菌菌种的制作、栽培技术研究推广
马世宇	辽宁	兴城市食用菌研究院	食用菌菌种驯化和制作、菌包工厂化生产及栽培技术
张金平	辽宁	康平县张氏食用菌专业合作社	平菇反季节栽培、工厂化食用菌废料循环栽培平菇和鸡腿菇
胡艳平	辽宁	建平县深井镇小马厂村	平菇、双孢菇栽培
陶永云	辽宁	瓦房店市食用菌协会	香菇栽培

（续）

姓名	省份	单位	技术专长
高剑光	吉林	柳河县明芷生物科技有限公司	松杉灵芝生料栽培技术
陈国军	吉林	敦化市农丰工贸有限公司	黑木耳栽培
缪元霞	吉林	敦化市明星特产科技开发有限责任公司	食用菌菌种选育、黑木耳和灵芝栽培
李业文	吉林	敦化市李栋菌类生物研究所	黑木耳、灵芝等菌种研究、栽培
王大权	吉林	敦化市权威生物科技有限公司	黑木耳、灵芝等育种、制种及栽培
武传峰	吉林	敦化市海澜生物技术有限公司	食药用菌菌种的选育及栽培
赵本利	吉林	敦化市北方食用菌研究所	黑木耳、元蘑、灵芝菌种选育与制作
吴长发	吉林	靖宇县靖发生物科技开发有限公司	黑木耳菌种研发、制作及栽培
于国琴	吉林	通化县白山食用菌研究所	食药用菌菌种制作及栽培
李宏远	吉林	通化县北国农业开发公司	食药用菌育种及栽培
赵立娟	吉林	珲春市春化镇东兴镇村	食用菌栽培及菌包生产
张洪吉	吉林	珲春市春化镇河东村	黑木耳栽培
王美杰	吉林	珲春市木耳协会	黑木耳、冻蘑的栽培
张世国	吉林	珲春市木耳协会	黑木耳栽培
张丽丽	吉林	珲春市木耳协会	黑木耳、冻蘑、平菇等栽培
孙亮	吉林	延吉市延边德康生物技术有限公司	香菇菌棒工厂化生产及栽培
周丽洁	吉林	延吉市延边特色产业发展中心	食药用菌菌种选育、驯化及栽培技术推广
亢学平	吉林	延边朝鲜族自治州农业科学院	黑木耳栽培与推广
张黎明	吉林	梅河口市双兴镇德庆村	食用菌菌种制作，黑木耳、桑黄、灵芝等栽培
张玉明	吉林	梅河口市双兴镇德庆村	食用菌菌种制作、黑木耳栽培
栾玉霞	吉林	磐石市山菇娘食品有限公司	食用菌新品种选育，黑木耳、平菇、滑子菇等栽培
顾叶嘉	黑龙江	哈尔滨市翠韵果蔬种植专业合作社	食用菌栽培
吴连朝	黑龙江	黑龙江中道农业科技发展有限公司	食用菌菌种制作、规模化栽培管理及生物发酵工艺应用
韩跃武	黑龙江	牡丹江市延丰菌业有限公司	食用菌一、二、三级菌种的制作
宋迪丽	黑龙江	牡丹江市黑丰菌业有限公司	黑木耳二级菌种制作，食用菌工厂化生产布局及生产技术运行
聂林富	黑龙江	林口县食用菌产业发展办公室	黑木耳等食用菌菌种研发、制作及栽培技术推广
徐青海	黑龙江	林口县供销联社食用菌发展办公室	黑木耳大棚管理新技术、废弃料玉米芯豆秸秆制菌技术
冯龙	黑龙江	海林市供销合作社联合社	黑木耳、滑子菇等菌种研发及工厂化全产业链管理技术
徐连堂	黑龙江	东宁市供销社黑木耳产业技术推广站	黑木耳技术研发与推广
高营营	黑龙江	东宁市食用菌研发中心	黑木耳菌种研发、栽培及病虫害防治技术
刘迎春	黑龙江	东宁市食用菌研发中心	黑木耳菌包工厂化生产及基地田间管理技术
韩东城	黑龙江	黑龙江思牧源农业科技有限公司	黑木耳、猴头菇、大球盖菇等食用菌栽培
车斌	黑龙江	黑龙江车斌菌业有限公司	黑木耳生产技术及装包生产线设计、生产、推广
李连生	黑龙江	尚志市东安鸿泰食药用菌合作社	食药用菌种植技术

（续）

姓名	省份	单位	技术专长
董春荣	黑龙江	庆安县庆军食用菌合作社	食用菌栽培、黑木耳吊袋大棚管理
李洪勋	黑龙江	通河县大兴食用菌种植专业合作社	食用菌栽培、黑木耳吊袋大棚管理
关玲	黑龙江	依兰县鑫旺食用菌种植专业合作社	黑木耳、榆黄蘑、平菇栽培，黑木耳吊袋大棚管理
邢宗杰	黑龙江	漠河市林下经济办公室	松杉灵芝人工培育与野生品种选育和驯化
康万芳	黑龙江	宝清县八五三农场林业公司	黑木耳一、二级菌种制作，液体菌种制作及栽培
庄文涛	黑龙江	齐齐哈尔市天援食用菌专业种植合作社	草腐菌栽培
刘金莉	黑龙江	大庆市恒瑞食用菌种植专业合作社	黑木耳、双孢菇、鸡腿菇等栽培
李晓军	黑龙江	大庆市银菇食用菌种植有限公司	草腐菌种植、草腐菌基料的发酵和制作生产
张景文	黑龙江	大庆市肇东市食用菌协会	黑木耳、平菇、滑子菇、大球盖菇液体菌种制作及栽培
潘绍玉	黑龙江	大庆蕈农食用菌科技有限公司	食用菌菌种繁育技术、液体菌种制作及栽培
张峰	黑龙江	绥化市绿源农业科技开发有限公司	大球盖菇菌种制作、栽培
郝长林	黑龙江	绥化市君林农业科技开发有限公司	大球盖菇、平菇、榆黄蘑的菌种制作、栽培
刘洪伟	黑龙江	宾县天顺食用菌种植专业合作社	食用菌液体菌种制作及栽培
邓光明	黑龙江	林甸县碧野农业有限公司	双孢菇、大球盖菇等菌种制作及栽培
祝嗣臣	黑龙江	黑龙江坤健农业股份有限公司	灵芝栽培及低温锁油破壁等加工技术
荆朋春	黑龙江	大兴安岭塔河县林鑫菌业	食用菌固体和液体菌种驯化、制作及栽培
何树友	黑龙江	大兴安岭塔河县绿色产业开发办公室	黑木耳、松杉灵芝菌种驯化、制作及栽培
徐茂忠	黑龙江	宁安市新禾菌业有限公司	黑木耳、野生食药用菌分离育种及栽培
张建国	黑龙江	宁安市鹏盛农业科技发展有限公司	香菇、平菇、滑子菇等食用菌栽培
李忠军	黑龙江	宁安市马河乡后都村	黑木耳栽培
刘明圣	黑龙江	伊春伊林菌脉生物科技有限公司	黑木耳菌种选育、驯化及生产技术
付颜江	黑龙江	伊春伊林菌脉生物科技有限公司	食用菌制种、栽培
张继红	黑龙江	伊春伊林菌源生物科技有限公司	食用菌菌种制作、推广及液体菌种生产
李玉红	黑龙江	伊春伊林润坤生物科技有限公司	食用菌制种、栽培
方明	黑龙江	伊春伊林菌派生物科技有限公司	食用菌制种、栽培
方菲菲	黑龙江	黑龙江省伊春市伊林集团实验室	黑木耳液体菌种制作
孙昌盛	黑龙江	黑龙江省伊春市伊林集团	黑木耳液体菌种工厂化生产和大棚管理
王怀臣	江苏	江苏惠发农业科技发展有限公司	杏鲍菇、秀珍菇等食用菌菌种制作及栽培管理
李加祥	江苏	沛县李加祥食用菌专业合作社	食用菌菌种制作及技术推广
付道坤	江苏	江苏馨野生态农业科技有限公司	羊肚菌等食用菌的菌种制作、技术培训及推广
杨杰	江苏	徐州鸿宇农业科技有限公司	蛹虫草栽培及产品创新
张心宁	江苏	睢宁县农业技术推广中心	食用菌栽培、技术指导、工厂化管理
赵书光	江苏	灌南县农业技术推广中心	食用菌菌种选育、设施栽培、技术研究创新、培训指导和推广
包金亮	浙江	磐安县山之舟生态农业有限公司	香菇工厂化栽培、珍稀食用菌的种植

（续）

姓名	省份	单位	技术专长
谢富忠	浙江	龙泉市富菌物产有限公司	香菇、黑木耳、灵芝菌种制作及栽培技术推广
王富根	浙江	杭州千岛湖兴宝菇业专业合作社	秀珍菇、黄金菇、绣球菌菌种提取及栽培
高翔	安徽	阜阳市诺亚农业有限公司	食用菌菌种制作、栽培管理及病虫害防治
高天柱	安徽	淮北市鲮鲤生物科技有限公司	食用菌育种、栽培、生产加工及病虫害防治
李秋梅	安徽	马鞍山市安康菌业有限公司	食用菌菌种制作、栽培及病虫害防治
刘德猛	安徽	马鞍山市安康菌业有限公司	食用菌菌种制作、栽培及病虫害防治
吴玉明	安徽	合肥市仓河区望湖街道盛大社居委	平菇、秀珍菇的栽培
周火荣	福建	武夷山市科农菌种厂	竹荪、灵芝、姬松茸等菌种培育和制作
高允旺	福建	福建省顺昌县竹荪技术研究所	竹荪的创新高产栽培
杨建木	福建	福建成发农业开发有限公司	食用菌新品种选育和制种，工厂化栽培及产品加工
王健兴	福建	福建奇蕈食品股份有限公司	杏鲍菇的工厂化栽培生产
易志能	福建	永安市原培真食用菌有限公司	食用菌栽培
何臣洲	福建	古田中和生物技术开发有限公司	病虫害防治、食用菌消毒杀菌环节科学用药
彭兆旺	福建	上海彭氏菇业有限公司	香菇栽培技术
朱小光	贵州	贵州省贵福菌业发展有限公司	食药用菌栽培及推广
韩旭	江西	井冈山市益生缘灵芝生态园有限公司	灵芝栽培与加工
吴常彪	江西	吉安县美华食用菌合作社	大球盖菇菌种制作、栽培与加工
谢远财	江西	利财食用菌有限公司	茶树菇栽培与加工
黄小华	江西	新余市益丰菌业科技有限公司	香菇、黑皮鸡枞等食用菌菌种制作、规模化栽培
陈波	江西	中节能（乐平）光伏农业科技有限公司	香菇、黑木耳等食用菌菌种制作、栽培、技术推广
方金山	江西	抚州市临川金山生物科技有限公司	食用菌栽培、驯化菌种及产品深加工
吕福林	江西	江西麓林现代农业有限公司	黑木耳等食用菌菌包生产及栽培
熊辉	江西	宜黄县富民食用菌种植专业合作社	食用菌选育和菌种生产、栽培、加工
李子平	江西	青原区子平食用菌种植专业合作社	香菇、平菇、黑木耳等食用菌菌种制作及栽培
高玉芹	江西	江西康发生物科技有限公司	食药用菌固体液体菌种制作、栽培管理
霍保明	江西	江西康发生物科技有限公司	食药用菌固体液体菌种制作、栽培管理
张忠旺	山东	梁山县农业局生产科	鸡腿菇等食用菌菌种制作及栽培
王厚鹏	山东	山东远洋农业开发有限公司	黑皮鸡枞、绣球菌栽培，电子商务销售
朱玉民	山东	富士达（山东）农业发展有限公司	银耳栽培、各种菌包制袋技术
李邦海	山东	德州市陵城区海泉食用菌种植专业合作社	平菇、金针菇、黑木耳、黑皮鸡枞等菌种制作及加工
宋益胜	山东	山东富邦菌业有限公司	双孢菇菌种制作与栽培，产业化发展与运营
徐留喜	山东	鱼台县老徐菌业合作社	菌种制作及黑木耳大棚生产管理
刘克东	山东	济南蓬生农业科技有限公司	海鲜菇工厂化生产、中温栽培及液体菌种的制作
黄家慧	山东	山东众享农业发展有限公司	香菇等食用菌栽培管理技术

（续）

姓名	省份	单位	技术专长
张玉红	山东	临朐县红心农产品专业合作社	平菇、鸡腿菇等半熟料无污染菌种接种工艺及栽培技术
许万昌	山东	东昌府区万昌食用菌专业合作社	平菇、毛木耳等食用菌栽培及菌种制作
闵宪领	山东	青川市弥河镇食用菌基地	猴头菇实体分离菌种及栽培
张根平	山东	平阴县孔村镇农业综合服务中心	鸡腿菇等各品种育种、示范、推广及栽培指导
李香红	山东	济宁市天缘林下循环经济研究院	大球盖菇、黑木耳、平菇等食用菌菌种制作及栽培
张继民	山东	菏泽市郓州天麻研究所	常见食用菌菌种制作、栽培、加工
石运运	山东	沂源菇香果蔬专业合作社	香菇等食用菌栽培管理技术
丁学芳	山东	沂源硒鹊果蔬专业合作社	香菇等食用菌栽培管理技术
张成河	山东	临邑县食用菌研究所	菌种制作、栽培、初加工、液体菌种制作、技术培训
孙右松	山东	济宁市鸿源农业技术有限公司	食用菌菌种制作、栽培、工厂化废料再利用技术
周不修	山东	金乡县晨雨食用菌专业合作社	菌种的标准化繁育及高产栽培技术
周晴晴	山东	山东金太阳农业发展有限公司	羊肚菌标准化高产技术及深加工、香菇栽培
张金香	山东	惠民县齐发果蔬公司	食用菌菌种制作，双孢菇、羊肚菌、香菇等栽培
王德明	山东	夏津县蔬菜局	食用菌技术研发、指导、培训与推广
闫新发	河南	河南农业广播电视学校西峡县分校	香菇育种、栽培技术及储藏与粗加工
关良洲	河南	西峡县森宝食用菌专业合作社	香菇、天麻蜜环菌菌种生产与栽培
张文秀	河南	西峡县文秀菌业技术服务中心	香菇、黑木耳、灵芝等食用菌菌种选育、制作及栽培
张金义	河南	开封市食用菌研究所	菌种研发及生产、联建工厂化生产基地
理建国	河南	西华县勤立食用菌种植合作社	食用菌栽培、病虫害防治
史国平	河南	西华县绿富食用菌技术培训基地	食用菌高产种植技术
许国奇	河南	泌阳亿健食品有限公司	食用菌栽培、新产品研发及精深加工技术
禹宗本	河南	泌阳县真菌研究开发有限公司	食用菌选育、栽培
赵全磊	河南	泌阳县大地菌业有限公司	香菇选育、菌种制作与栽培
石灵水	河南	嵩县德亭野胡沟食用菌种植合作社	黑木耳、灵芝栽培
管中显	河南	洛阳双惠菌业有限公司	食用菌菌种制作，工厂化、基地规模化栽培
詹怀柱	河南	淅川县农业局	香菇栽培技术、灵芝栽培和多层嫁接盆景制作技术
闻亚美	河南	周口市农业科学院	平菇、毛木耳杂交育种、栽培及病虫害防治技术
党兴仁	河南	灵宝昌盛食用菌有限责任公司	食用菌菌种制作、工厂化生产技术及设计规划
王晓波	河南	灵宝市鸿丰菌业有限责任公司	香菇菌种研发、制作及栽培
张孝本	河南	灵宝市诚睿食用菌专业合作社	香菇菌种菌棒制作及出菇管理
利金站	河南	河南省虞城县金隆菇业	食用菌液体菌种制作、灵芝盆景嫁接制作技术
陈斌	河南	河南省虞城县金隆菇业	黄金针菇、平菇、大球盖菇的栽培
张云生	河南	河南省卢氏县双槐树乡香山	天麻（蜜环菌、萌发菌）、香菇的制种、栽培及加工
薛向阳	河南	卢氏县狮子坪向阳食用菌园艺场	野生食用菌驯化和菌种制作、食用菌栽培

（续）

姓名	省份	单位	技术专长
王永田	河南	卢氏县兴农菌种厂	香菇、黑木耳、猴头菇等食用菌菌种制作及栽培
锁现民	河南	洛阳市献民生物工程研究所	食用菌工厂化液体菌种制作
蔡树威	河南	洛阳市献民生物工程研究所	杏鲍菇、香菇、黑木耳、羊肚菌等液体菌种制作
魏铁梁	河南	绿兴食用菌种植农民专业合作社	香菇菌种制作、栽培及病虫害防治
郭兆鹏	河南	鲁山朔园种植农民专业合作社	香菇菌种制作、栽培及病虫害防治
张国红	河南	鲁山县御珍源家庭农场有限公司	食用菌制种、栽培及病虫害防治，深加工烘干管理
刘芳成	河南	新县春冬养殖农民专业合作社	香菇、黑木耳、平菇、灰树花等食用菌栽培
徐晓祥	河南	新县国祥种养殖农民专业合作社	香菇、平菇、灰树花等食用菌的栽培
孙国政	河南	汝州市朕迪食用菌种植专业合作社	香菇、黑木耳菌种选育制作及栽培
黄万礼	河南	太康县奋发食用菌专业合作社	食用菌菌种制作、栽培及病虫害防治
曹德奎	河南	南阳市信德食用菌有限公司	食用菌菌种制作、栽培及病虫害防治
黄加彬	河南	淮滨县覃丰食用菌种植专业合作社	秀珍菇栽培、珍稀菌类的研发种植与推广
熊永平	湖北	大冶市永平菌果专业合作社	香菇、黑木耳、茶树菇等食用菌菌种制作及栽培
唐家海	湖北	随县三里岗镇吉祥寺食用菌种植园	香菇、黑木耳菌种制作，袋料香菇规模栽培
许景闻	湖北	随州市食用菌协会	食用菌菌种制作和栽培、工厂化栽培及设计
孙泽玉	湖北	随州市三里岗镇	食用菌菌种制作，香菇、黑木耳、平菇的栽培
龚华江	湖北	广水市食用菌技术协会	食药用菌菌种制作及栽培
应传明	湖北	广水市食用菌制种中心	食用菌菌种制作及栽培
王祖贵	湖北	湖北裕山菌业有限公司	香菇、黑木耳等食用菌新品种选育、菌种制作及栽培
刘志友	湖北	湖北大别山菌业有限公司	食药用菌菌种制作、栽培及深加工技术
王忠	湖南	株洲市芦淞区宇信种植专业合作社	黑皮鸡枞的栽培
吴荣宇	湖南	津市市仕林生物公司	食用菌菌种分离驯化、制作及病害防治
屈先凡	湖南	张家界市仙凡菌业生物工程有限公司	食用菌新品种选育、生产、栽培技术
石桂南	广西	平南县石强食用菌种植专业合作社	秀珍菇、平菇、姬菇等食用菌菌种制作及栽培
王新军	广西	全州县新军生态菌家庭农场有限公司	双孢菇、草菇、鸡腿菇等食用菌栽培
罗浩志	广西	百色市右江区聚农食用菌合作社	食用菌菌种制作、栽培和技术培训
吴秀龙	重庆	重庆市多菇食用菌专业合作社	姬菇、香菇、秀珍菇的栽培
曹继岗	重庆	重庆市上发食用菌种植有限公司	平菇、鸡腿菇、秀珍菇等栽培
文应专	重庆	重庆市应专生物科技开发公司	食用菌菌种制作，茯苓、大球盖菇、平菇等栽培
石代勇	四川	成都天绿菌业有限公司	毛木耳、姬菇、羊肚菌等菌种生产及栽培
刘从甫	四川	南江宏信生物科技有限公司	食用菌制种和栽培
陈能	四川	成都市科创菌业有限公司	常规食用菌品种菌种选育和制作
张万良	四川	成都万良菌业开发有限公司	双孢菇、金针菇、大球盖菇、竹荪等菌种选育和栽培
骆茂全	四川	成都骆峰菌业有限公司	香菇、猴头菇、金针菇的栽培，尤其是黄色金针菇

（续）

姓名	省份	单位	技术专长
张文平	四川	什邡市湔氏镇食用菌协会	黄背木耳等食用菌菌种研发、制作及栽培技术研究
曾瑶	四川	什邡县阳农业发展有限公司	食用菌菌种研发、制作、栽培
贾中科	四川	绵阳市经科菌业有限责任公司	食用菌菌种制作、产品加工
彭合兵	四川	绵阳市游仙区食用菌产业协会	食用菌菌种生产新技术开发
罗仁炳	四川	宣汉县天丰菌业有限公司	食用菌菌种制作、栽培
陈建新	云南	云南省昆明新茸公司	食用菌菌种制作，茶树菇工厂化栽培
王文慧	云南	宁洱那整现代农业蔬菜种植专业合作社	大球盖菇、红托竹荪栽培
胡为保	云南	云南省梁河县东宝食用菌有限责任公司	黑木耳栽培
白建波	云南	红河学院	巴西蘑菇等食用菌的育种、栽培
杨肖田	云南	永平县绿之源农副产品有限责任公司	黑木耳、香菇、平菇、羊肚菌等菌种制作和栽培
张建伟	云南	石屏县宝秀镇农业综合服务中心	巴西蘑菇、茶树菇栽培
王双祥	云南	云南林溪农业开发有限公司	香菇、平菇、灵芝、双孢菇等食用菌栽培
范勤芬	云南	云南菌视界生物科技有限公司	羊肚菌及其他食用菌栽培，部分食用菌菌种制作
杨晓波	云南	云南菌视界生物科技有限公司	羊肚菌及其他食用菌栽培，部分食用菌菌种制作
张江	云南	曲靖市联农共创专业合作社	食用菌研发、菌种选育、栽培及深加工
吴富才	云南	丽江市华坪县兴芮菌业有限公司	野生、仿野生羊肚菌菌种制作及大棚种植
贺鸿宇	云南	华坪县润科农业综合开发有限公司	羊肚菌种植
李辉	西藏	西藏泽西生物科技有限公司	食用菌工厂化袋栽生产技术及厂房设计、设备调试
贾元忠	陕西	陕西万象食用菌有限公司	菌种制作与栽培，工厂化基地规划及生产技术
高斌	陕西	陕西万象食用菌有限公司	香菇、黑木耳、灵芝工厂化栽培
马明元	陕西	陕西森盛菌业科技有限公司	食用菌新品种选育、研究，菌种制作与栽培
白锋	陕西	西安鑫福鹿农业科技有限公司	食用菌新品种的研发和培育
孙小娟	陕西	陕西省三原县食用菌协会	食用菌制种、栽培及加工
王本成	陕西	杨凌金麒麟生物科技有限公司	食用菌菌种制作、生产管理技术
张立东	陕西	陕西省泾阳县泾达食用菌总厂	平菇等菌种研发及栽培
崔文杰	甘肃	天水市秦川区食用菌研究所	平菇、杏鲍菇、香菇等10多种常见菇类的栽培技术
杨满辉	甘肃	陇南康元生物工程有限公司	食用菌菌种选育、制作与栽培，食用菌深加工
杨广孝	甘肃	隶县食用菌开发中心	香菇、黑木耳、天麻的菌种选育、栽培和技术推广
赵立勇	甘肃	玉门市新市区食用菌合作社	平菇、鸡腿菇菌种的制作及栽培
刘赐福	甘肃	东乡县伊森食用菌科技开发有限公司	集约化菌厂建设、室内养菌、大棚吊袋管理
程昆	新疆	第五师八十七团菌源盛汇食用菌种植公司	平菇、杏鲍菇、双孢菇菌种的制作及栽培

中国常用食药用菌名称

中文名	商品名或别名	拉丁学名	食用	药用	栽培
鲍鱼侧耳	鲍鱼菇	*Pleurotus abalonus* Han,Chen et Cheng	●		●
金顶侧耳	金顶蘑、榆黄蘑、榆黄侧耳	*P. citrinopileatus* Sing.	●		●
黄白侧耳	北风菌、白黄侧耳	*P. cornucopiae* (Paul.:Pers.) Rolland	●		●
栎侧耳		*P. dryinus* (Pers.:Fr.) Quel.	●		●
泡囊侧耳	盖囊侧耳、高温平菇	*P. cystidiosus* O. K. Mill.	●		●
淡红侧耳	红平菇	*P. diamor* (Fr.) Boedjin.	●		●
刺芹侧耳	杏鲍菇、刺芹菇	*P. eryngi* (DC.:Fr.) Quel.	●		●
白灵侧耳	白灵菇	*P. nebrodensis* (lnzengae) Quel.	●		●
侧耳	平菇、糙皮侧耳	*P. ostreatus* (Jacp.:Fr.) Kummer	●	●	●
肺形侧耳	凤尾菇、凤尾侧耳	*P. pulmonarius* (Fr.) Quel.	●		●
阿魏侧耳	阿魏蘑	*P. ferulae* Lanzi	●	●	
桃红侧耳		*P. salmoneostramineus* L. Vass.	●		●
长柄侧耳	灰白侧耳	*P. spodoleuscus* Fr.	●	●	
菌核侧耳		*P. tuber-regium* (Fr.) Sing.	●	●	●
亚侧耳	元蘑、黄蘑、冬蘑	*Hohenbiehelia serotina* (Pers.:Fr.) Sing.	●	●	●
香菇	花菇、香信、厚菇、薄菇、白花菇	*Lentinus edodes* (Berk.) Sing.	●	●	●
大杯香菇	大斗菇、巨大香菇	*L. giganteus* Berk.	●		●
豹皮香菇	洁丽香菇、豹皮菇	*L. lepidues* Fr.	●	●	●
金针菇	冬菇、金针蘑、金钱菇、白金针话	*Flammulina velutipes* (Fr.) Sing.	●	●	●
白环粘奥穗蘑	粘蘑、白环蘑、白粘蜜环菌	*Oudemansiella mucida* (Sohrad.:Fr.) Hohnel.	●	●	
宽褶奥德蘑	宽褶菇	*O. platyphylla* (Pers.:Fr.) Moser	●	●	
长根奥德蘑	长根菇	*O. radicata* (Relhan.:Fr.) Sing.	●	●	●
鳞柄长根奥德蘑	鳞柄长根菇	*O. Radicata* var. *furfuracea* (PK.) Pegler et Young	●	●	●
假松口蘑	假松茸	*Tricholoma bakamatsutake* Hongo	●		
欧洲松口蘑		*T. caligatum* (Vir.) Ricken	●		
灰环口蘑		*T. cingulatum* (Ahnfelt.:Fr.) Jacobaoch	●		
油黄口蘑	油蘑、黄丝蘑	*T. flavovirens* (Pers.:Fr.) Lundell.	●		
黄褐口蘑		*T. fulvocastanen* Hongo	●		
大白口蘑	金福菇、洛巴口蘑、巨大口蘑	*T. giganteum* Massee=*T. lobayense* Heim	●		●
土豆口蘑		*T. japonicum* Kawamura	●		
松口蘑	松茸、鸡丝菌、松蘑	*T. matsutaka* (S.ltoetlmai) Sing.	●	●	
蒙古口蘑	白蘑、口蘑	*T. mongplicum* Lmai	●	●	●

（续）

中文名	商品名或别名	拉丁学名	食用	药用	栽培
杨树口蘑	杨树蘑	*T. populinum* J. Lange	●		
栎松口蘑	铄松茸、青冈菌	*T. quericola* Zang	●		
粗壮口蘑		*T. robustum* (Alb.etSchw.:Fr.) Ricken	●		
棕灰口蘑	灰蘑、小灰蘑	*T. terreum* (Schaeff.:Fr.) Quel	●		
红鳞口蘑		*T. vaccinum* (Pers.:Fr.) Kummer	●		
硬腿皮伞	仙环蘑	*Marasmius oreades* (Bolt.:Fr.) Fr.	●	●	
雷丸		*Omphalia lapidescens* Schroet		●	
壮丽松苞菇		*Catathelasma imperiale* (Fr.) Sing.	●		
梭柄松苞菇	松苞菇、沙罗包、罗汉菌、老人头	*C. ventricosum* (Peck) Sing.	●		
鸡菌	伞把菇、豆鸡菇、鸡肉丝菌	*Termitomyces albuminosus* (Berk.) Heim	●	●	
黄白蚁伞	黄鸡枞	*T. aurantiacus* Heim	●		
尖盾白蚁伞		*T. clypentus* Heim	●		
根白蚁伞		*T. eurrhizus* (Berk.) Heim	●	●	
烟灰白蚁伞		*T. fuliginosus* Heim	●		
谷堆白蚁伞		*T. heimii* Natarajan	●		
乳头盖白蚁伞		*T. mammiformis* Heim	●		
小白蚁伞		*T. microcarpus* (Berk. et Br.) Heim	●		
香杏丽菇	香杏口蘑、虎皮口蘑	*Calocybe gambosa* (Fr.) Sing.	●	●	●
肉色杯伞		*Clitocybe geotropa* (Fr.) Quel.	●	●	
杯伞		*C. Infundibuliformis* (Schaeff.:Fr.) Quel.	●	●	
大杯伞		*C. maxima* (Gartn. ex Mey.:Fr.) Quel	●		
斑玉蕈	真姬菇、海鲜菇、蟹味菇	*Hypsizigus marmoreus* (PK.) Bigelw	●		●
荷叶离褶伞	荷叶菇、炸鸡菇	*Lypphyllum decastes* (Fr.:Fr.) Sing	●		●
真姬离褶伞	真姬菇	*L. shimeji* (Kawam.) Hongo	●		
榆生离褶伞	榆蘑	*L. ulmarium* (Bull.:Fr.) Fuhn.	●	●	●
白香蘑		*Lepista caespitosa* (Bres.) Sing.	●		
灰紫香蘑		*L. glaucocana* (Bres). Sing.	●		
肉色香蘑		*Lepista irina* (Fr.) Bigeow	●		
紫丁香蘑	紫晶菇、裸口蘑	*Lepista nuda* Bull.:Fr.	●	●	
粉紫香蘑		*L. personata* (Fr.:Fr.) Sing.	●		
花脸香蘑	花脸蘑、紫花蘑	*L. sordida* (Schum.:Fr.) Sing.	●		
白桩菇		*Leucopaxillus candidus* (Bres.) Sing.	●	●	
大白桩菇	青腿蘑、大青蘑、雷蘑	*Leucopaxillus giganteus* (Fr.) Sing.	●	●	●
黄绿蜜环菌	黄蘑菇、黄环菌	*Armillaria luteo-virens* (Alb.et Schu.:Fr.) Sacc.	●		
安络小皮伞	安络菌	*Marasmius andeosaceus* (L.:Fr.) Fr.		●	
蜜环菌	榛蘑	*Armillariella mellea* (Vahl.:Fr.) Karst.	●	●	●

（续）

中文名	商品名或别名	拉丁学名	食用	药用	栽培
假蜜环菌	青杠菌	*A. tabescens* (Scop.:Fr.) Sing.	●	●	
银丝草菇	银丝菇	*Volvariella bombycina* (Schaeff.:Fr.) Sing.	●	●	
草菇	麻菇、稻草菇、兰花菇	*V. volvacea* (Bull.:Fr.) Sing.	●		
裂皮白环菇	脱皮环柄菇	*Leucoagaricus excoriatus* (Schaeff.:Fr.) Sing.	●		
高大环柄菇	棉花菇、高环柄菇	*Macrolepiota procera* (Scop.:Fr.) Sing.	●	●	
金盖鳞伞	金盖环锈伞、金褐伞	*Phaeolepiota aures* (Matt.:Fr.) Karn. et Maubl.	●		
大紫蘑菇	窄裙菇	*A. auqustus* Fr.	●		
双孢蘑菇	双孢菇、白蘑菇、洋蘑菇	*A. bisporus* (Large) Sing.	●	●	●
大肥蘑菇	大肥菇	*A. bitorquis* (Quel.) Sacc.	●	●	●
巴西蘑菇	姬松茸、巴氏蘑菇	*A. blazei* Murr.	●	●	●
圆孢蘑菇		*A. gennadii* (Chot. et Boud.) P. O. Orton	●		
褐鳞蘑菇	褐蘑	*A. crocopeplus* Berk. & Fr.	●		●
白杵蘑菇		*A. nivensis* Moeller	●		
草地蘑菇	灰白蘑菇	*A. pratensis* Schaeff.:Fr.	●		
林地蘑菇	林地伞菌	*A. silvaticus* Schaeff.:Fr.	●		
白林地蘑菇		*A. silvicola* (Vitt). Sacc.	●		
花脸蘑菇	花脸菇	*A. villaticus* Brond.	●		
毛头鬼伞	鸡腿蘑	*Coprinus comatus* (Mull.:Fr.) Gray	●	●	●
小孢毛鬼伞	鸡腿蘑、白鸡腿蘑	*C. ovatus* (Schaeff.)Fr.	●	●	●
柱状田头菇	杨树蘑、茶树蘑、柳环菇	*Agrocyb cylindracea* (DC.:Fr.) R. Maoire	●	●	●
田头菇	早生白菇、白环绣伞	*A. praecox* (Pers.:Fr.) Fayod	●	●	●
皱环球盖菇	大球盖菇	*Stropharia rugosoannulata* Farlow	●		●
砖红韧伞		*Naematoloma sublateritum* (Fr.) Karst.	●		●
黄伞	柳蘑、黄蘑、多脂鳞伞	*Pholiota adiposa* (Fr.) Quel.	●	●	●
光滑环绣伞	滑子菇、滑子蘑、珍珠蘑	*P. nameko* (T.lto) S. lto & lmal	●	●	●
斜盖粉褶菌		*Rhodophyllus adortivus* (Berk. & Curt.)Sing	●	●	
晶盖粉褶菌		*R. clypeatus* (L.:Fr.) Quel.	●	●	
卷边网褶菌	黄花蘑、卷边桩菇	*Paxillus irwolutus* (Batsch.) Fr.	●		
血红铆钉菇	红肉蘑、铆钉菇	*Chroogomphis rutilus* (Schaeff.:Fr.) Miller	●	●	
铜色牛肝菌		*Boletus aereus* Fr.	●		
美味牛肝菌	白牛肝菌、大脚菇	*B. edulis* Bull.:Fr.	●	●	
灰褐牛肝菌		*B. griseus* Furst	●		
美网牛肝菌		*B. Reticulatus* Schaeff.	●		
粘盖牛肝菌	粘团子、松蘑	*Suillus bovinus* (L.:Fr.).O.Kuntze	●	●	
点炳粘盖牛肝菌	粘团子、松蘑	*S. grunulatus* (L.:Fr.) O.Kuntze	●	●	
厚环粘盖牛肝菌	粘团子、松蘑	*S. grevillei* (Kl.) Sing.	●	●	

（续）

中文名	商品名或别名	拉丁学名	食用	药用	栽培
褐环粘盖牛肝菌	粘团子、松蘑	*S. luteus* (L.:Fr.) Sing.	●	●	
橙黄疣柄牛肝菌		*Leccinum aurantiacum* (Bull.) Gray	●		
皱盖疣柄牛肝		*L. scabrum* (Bull.:Fr.) Gray	●		
大红菇	革质红菇	*Russula alutacea* (Pres.) Fr	●	●	
黄斑红菇		*R. aurata* (With.) Fr	●	●	
花盖红菇	蓝黄红菇	*R. cyanoxantha* (Schaeff.) Fr.	●	●	
梨红菇		*R. cyanoxantha f. peltteeraui* R. Maire	●		
大白菇	背泥菌	*R. delica* Fr.	●	●	
红菇	红蘑菇	*R. lepida* Fr.	●	●	
大牛红菇		*R. rubra* (Krombh.) Bres.	●		
正红菇		*R. vinosa* Lindbl.	●	●	
绿菇	青菌、变绿红菇、青头菌	*R. virescens* (Schaeff.) Fr.	●	●	
浅橙黄乳菇		*Lactarius akahatsa* (Bull.) Fr.	●		
香乳菇		*L. camphoratus* (Bull.) Fr.	●	●	
松乳菇	美味松乳菇	*L. deliciosus* Fr.	●		
多汁乳菇	红奶浆菌、牛奶菌	*L. volemus* Fr.	●	●	
灰喇叭菌	喇叭菌、灰号角	*Craterellus cornucopioides* (L.:Fr.) Pers.	●		
鸡油菌	鸡蛋黄菌、杏菌	*Cantharellus cibarius* Fr.	●	●	
橙黄革菌		*Thelephora aurantiotintca* Corner	●		
干巴革菌		*T. ganbajum* Zang	●		
榆耳		*Gloeostereum incarnatum* S. lto et lma	●	●	●
牛舌菌	牛排菌	*Fistulina hepatica* (Schaeff.) Fr.	●	●	●
美味齿菌	齿菌、卷缘齿菌	*Hydnum repandum* L.:Fr.	●		
变红齿菌	红齿菌	*H. repandum* var. *rufescens* (Fr.) Barla	●		
褐紫肉齿菌		*Sarcoden aspratus* (Berk.) S. Lto	●		
翘鳞肉齿菌	獐子菌、种馗菌	*S. imbricutus* (L.:Fr.)Karst	●	●	
瑚状猴头菌	玉髯	*Hericeum coralloides* (Scop.:Fr) pers.ex.Gray	●	●	
猴头菌		*H. erynaceus* (Bull.:Fr) pers.	●	●	●
分枝头菌		*H. Ramosum* (Maret.) Letellier	●	●	●
圆瘤孢多孔菌	圆孢地花	*Bondarzewia montana* (Quěl.) Sing	●	●	
白囊孔菌	白色耙齿菌	*Hirschiosporus lacterus* (Fr.) Teng		●	
灰树花	舞茸、栗蘑、贝叶多孔菌	*Grifola fronosa* (Dicks.:Fr.) S. F.Gray	●	●	●
大刺孢树花		*G. gigantea* (Pers.) Karst.	●	●	
猪苓	猪灵芝、猪粪菌	*G. umbellata* (Pers.:Fr.) Fr.	●	●	●
冠凸多孔菌	毛地花、冠状多孔菌	*Polyporus cristata* (Pers.) Fr.	●	●	
散放多孔菌		*P. cispansus* Lloyd	●		

（续）

中文名	商品名或别名	拉丁学名	食用	药用	栽培
黄鳞多孔菌		*P. ellisii* Berk.	●		
硫磺菌	硫磺干酪菌、硫色多孔菌	*Laetiporus sulphureus* (Fr.) Murr.	●	●	●
朱红硫菌		*L. sulphureus* var. *miniatus* (Jungh.) lmaz			
槐栓菌	槐耳	*Trametes robiniophila* Murr.		●	●
云芝	彩色云芝、变色云芝	*Coriolus versicolor* (L.:Fr.) Quèl	●	●	
隐孔菌		*Cryptoporus volvatus* (Peck) Shear		●	
茯苓		*Poria cocos* (Schw.) Wolf.	●	●	●
木蹄层孔菌	木蹄	*Fomes fomentarius* (L.:Fr.) Kick		●	
药用层孔菌		*Fomitopsis officinalis* (Vill.:Fr.) Bond. Et Sing.		●	
红缘拟层孔菌	红缘多孔菌	*F. pinicala* (Sw.:Fr.) Quěl.		●	
火木层孔菌	针层孔菌	*Phellinus agniarius* (L.:Fr.) Quěl.		●	
八角生层孔菌		*P. illacicola* (Hemm.) Teng		●	
裂蹄木层孔菌		*P. linteus* (Berk.et curt.) Teng		●	
松木层孔菌	松针层孔、松白腐菌	*P. pini* (Thore:Fr.)Ames		●	
树舌灵芝	树舌、树舌扁灵芝	*Ganoderma applanatus* (Pers.) pat.		●	●
灵芝	赤芝、红芝	*G. lucidum* (Leyss.:Fr.) karst		●	●
紫灵芝	紫芝	*G. sinense* Zhao,Xu et Zhang		●	●
密纹灵芝		*G. tenus* Zhao,Xu et Zhang		●	●
热带灵芝		G. tropicum (Jung.) Bres.		●	●
松杉灵芝	松杉树花	*G. tsugae* Murr.		●	●
皱盖假芝	皱盖乌芝	*Amauroderma rudis* (Berk.) cunn.		●	●
假芝		*A. rugosum* (Bl, et Nees) part.		●	
木耳	黑木耳、细耳、云耳	*Auricularia auricola* (L. ex Hook.) Underwood	●	●	●
皱木耳	砂耳、网纹木耳	*A. delicata* (Fr.) Henn.	●	●	●
褐黄木耳	黄褐木耳、琥柏木耳	*A. fuscosuccinea* (Mont.) Fari.	●	●	●
毛木耳	粗木耳、牛皮木耳、黄背木耳	*A. polytricha* (Mont.) Saco.	●	●	●
银白木耳	白背木耳	*A. polytricha* var. Argentea Zhao & Wang	●		●
金耳	云南黄木耳	*Tremella aruantialba* Bandoni et Zang	●	●	●
茶银耳	茶耳	*T. foliacea* Pers.:Fr.	●	●	●
银耳	银耳子、白木耳、雪耳	*T. fuciformis* Berk.	●	●	●
血耳		*T. samguinea* Peng	●	●	●
短裙竹荪	竹荪	*Dictyophora duplicata* (Bosc.) Fischer	●	●	●
长裙竹荪	竹荪	*D. indusiata* (Vent.:Pers.) Fisch.	●	●	●
棘托竹荪		*D. echino-volvata* Zano,Zheng et Hu	●	●	●
黑根须腹菌		*Rhizopogon piceus* Berk.& Curt.	●	●	
红须腹菌		*R . rubescens* (Tul.) Tul.	●	●	

（续）

中文名	商品名或别名	拉丁学名	食用	药用	栽培
网纹马勃	网纹灰包	*Lycoperdon perlatum* Pers.	●	●	
梨形马勃	梨形灰包	*L. pyriforme* Schaeff.	●	●	
草地横膜马勃	草地马勃、横膜马勃	*Vadcellum pratense* (Pers.:Ex) Kreisel	●		
龟裂秃马勃	龟裂马勃、浮雕秃马勃	*Calvatia caelata* (Bull.& DC.) Morg.	●	●	
头状马勃	马屁包、头状马勃	*C. craniiformis* (Schw.) Fr.	●	●	
大秃马勃	大马勃、马勃、马粪包	*C. craniiformis* (Batsch.:Fr.) Lloyd	●	●	
紫色马勃	杯形马勃、紫色马勃	*C. lilacina* (Mont.et Berk.) Lloyd	●	●	
豆包菌	彩色马勃、彩色豆包菌	*Pisolithus tinctorius* (Pers.) Coker et Couch	●	●	
橙黄硬皮马勃		*Scleroderma* citrinum Pers.	●	●	
古尼虫草		*Cordyceps gunnii* (Berk.) Berk.	●	●	●
亚香棒虫草		*C. hawkerii* Gray	●	●	
蛹虫草	蛹草	*C. milibaris* (L.:Fr.) Link	●	●	
冬虫夏草	冬虫草、虫草、雅札贡布	*C. sinensis* (Berk.) Sace.	●	●	
亚黄峰虫草		*C. oxycephala* Penz. & Sacc.		●	●
蝉花	蝉蛹草、蝉茸、冠蝉、胡蝉	*C. sobolifera* (Hill) Berk.et Br.	●	●	
麦角菌		*Claviceps purpurea* (Fr.) Tul.		●	●
竹生肉球菌	竹菌、肉球菌、戈次肉球菌	*Engleromyces goetzii* P.Henn.		●	
竹黄		*Shiraia bambusocola* P.Henn.		●	
竹小肉座菌	竹红菌、竹砂仁、竹㚖	*Hypocrella bambusae* (B.et Br.) Sacc.		●	
黑柄炭角菌	乌灵参、鸡茯苓、地炭棍	*Xylaria nigripes* (Kl.) Sacc		●	●
印度块菌		*Tuber inulicum* Cooke et Massee	●		
中国块菌		*T. sinesis* Tao et Liu	●		
黑脉羊肚菌	小尖羊肚菌	*Morchella angusticeps* Peck	●	●	
尖顶羊肚菌		*M. conica* Fr.	●	●	
粗腿羊肚菌	粗柄羊肚菌	*M. crastipes* (Vent.) PERS.	●	●	
羊肚菌	羊肚菜	*M. esculenta* (L.) pers.	●		
宽圆羊肚菌		*M. rotunda* Pers.	●		
褐赭色羊肚菌		*M. umbrina* Boud.	●		
普通羊肚菌		*M. uvulgaris* (Pers.) Boud.	●		
马鞍菌		*Helvella elastica* Bull.:Fr.	●		
皱柄马鞍菌	皱白马鞍菌	*H. crispa* (Scop.) Fr.	●		
裂盖马鞍菌	白柄马鞍菌	*H. leucopus* Pers.	●		
棱柄马鞍菌		*H. lacunosa* Afz.:Fr.	●		
蝉花棒束孢		*Isaria cicadae* Miq.		●	
虫花棒束孢		*Isqria farinose* (Dicks.) Fr.		●	●
淡黄棒束孢	日本蝉花、细脚拟青霉	*Isaria japonica* Yasuda—Paceilomyces tenuipes		●	●

2001—2018年全国食用菌产量、产值情况统计表

地区	2001年		2002年		2003年		2004年		2005年		2006年	
	产量（吨）	产值（万元）	产量（吨）	产值（万元）	产量（吨）	产值（万元）	产量（吨）	产值（万元）	产量（吨）	产值（万元）	产量（吨）	产值（万元）
北京	22 686	13 338	23 770	14 243	28 407	15 912	33 832	18 749	36 247	23 831	66 171	42 356
天津	5 925	2 742	5 925	2 742	5 925	2 742	49 765	9 666	56 515	24 847	55 100	22 800
河北	306 300	122 520	400 000	250 000	520 000	300 000	720 479	350 000	861 845	410 000	1 126 130	494 226
山西	45 000	25 000	45 000	25 000	161 800	120 061	52 390	38 460	55 000	41 000	55 600	42 000
内蒙古	37 070	13 640	37 070	13 640	37 070	13 640	37 070	13 640				
辽宁	190 577	94 500	286 000	121 000	426 380	126 803	455 915	155 540	502 080	180 095	501 566	188 549
吉林	69 050	11 267	69 050	11 267	141 830	56 732	308 750	110 000	456 310	210 000	477 100	255 000
黑龙江	372 306	60 750	411 583	918 404	500 420	210 784	445 841	210 000	547 737	258 831	547 737	258 831
上海	23 459	14 908	35 567	20 934	41 283	24 281	50 082	35 815	62 092	43 486	66 029	49 012
江苏	497 235	168 974	680 024	193 728	986 785	211 608	1 143 036	287 279	1 004 005	234 000	1 217 000	401 000
浙江	481 684	180 133	609 427	304 713	639 899	319 950	620 000	380 000	620 000	380 000	660 000	420 000
安徽	89 980	33 800	284 515	53 585	164 216	50 808	193 026	72 000	320 224	119 022	356 196	177 059
福建	1 466 000	480 000	1 658 800	480 000	1 510 000	540 000	1 703 256	579 500	1 783 400	646 300	1 810 649	73 700
江西	313 000	11 500	313 000	11 500	232 250	110 000	232 250	110 000	420 000	150 000	450 000	160 000
山东	720 000	287 000	787 365	256 850	1 003 500	381 200	1 089 700	447 000	1 326 080	544 800	1 544 720	638 500
河南	1 405 130	633 248	1 465 126	515 865	1 698 954	595 491	1 802 124	601 983	2 014 281	751 947	2 123 824	954 356
湖北	320 000	128 000	366 760	146 704	472 290	188 916	573 610	206 500	611 650	244 660	676 177	270 471
湖南	300 800	208 000	351 400	238 000	415 000	281 200	480 000	300 000	580 000	350 000	620 000	380 000
广东	120 000	100 000	70 523	62 090	152 125	155 405	205 750	173 380	455 000	418 000	581 850	658 200
广西	120 000	49 884	120 310	50 012	165 590	75 343	166 642	75 822	341 650	130 200	446 624	179 697
重庆	15 720	5 187	30 556	9 777	34 102	12 958	52 149	20 338	58 911	23 565	61 083	
四川	401 880	136 639	408 800	143 080	510 000	187 400	590 000	215 500	678 000	271 300	802 200	308 000
贵州	27 000	67 700	27 000	67 700	27 000	67 700	27 000	67 700			40 500	61 400
云南	154 880	200 000	17 089	69 828	31 834	102 016	44 318	123 669	55 690	149 590	66 075	174 385
陕西	298 410	88 700	244 550	97 820	463 596	215 921	506 853	202 741	470 013	235 007	338 214	151 142
甘肃												
宁夏	4 875	1 928	5 928	2 371	5 715	2 286	5 715	2 286	14 084	4 477	19 715	5 602
新疆	9 735	8 133	9 735	8 133	10 929	9 125	14 050	9 610	15 180	9 830	30 720	20 895
总计	7 818 702	3 147 491	8 764 873	4 088 986	10 386 900	4 378 282	11 603 603	4 817 178	13 345 994	5 854 788	14 740 980	6 387 181

（续）

地　区	2007年		2008年		2009年		2010年		2011年		2012年	
	产量（吨）	产值（万元）	产量（吨）	产值（万元）	产量（吨）	产值（万元）	产量（吨）	产值（万元）	产量（吨）	产值（万元）	产量（吨）	产值（万元）
北　京	124 909	63 689	138 071	73 193	162 092	124 457	162 092	124 457	158 249	122 308	149 738	125 711
天　津	57 200		66 400		68 050		103 000		157 000		123 086	173 115
河　北	1 340 323	600 517	1 541 816	732 465	1 907 986	1 153 733	1 907 986	1 153 733	2 053 993	1 198 604	2 100 894	1 263 411
山　西	95 475	43 000	124 115	55 900	98 670	56 500	148 898	104 229	175 706	124 851	200 655	130 498
内蒙古												
辽　宁	529 133	237 758	672 619	308 288	1 070 256	613 115	1 070 256	613 115	1 558 119	951 473	1 369 363	874 199
吉　林	527 210	320 000	605 190	354 800	937 030	556 000	1 114 680	654 200	1 228 050	685 000	1 313 591	778 320
黑龙江	751 216	336 297	1 033 640	487 000	2 104 494	896 660	2 104 494	896 660	2 480 283	1 370 966	2 485 387	1 369 934
上　海	76 772	61 481	85 191	76 817	90 015	88 705	90 015	88 705	88 154	93 771	90 655	95 303
江　苏	1 314 433	505 167	1 580 462	464 904	1 842 368	1 087 083	1 842 368	1 087 083	2 101 823	1 160 560	2 127 000	1 299 600
浙　江	760 000	500 000	850 000	550 000	1 060 000	950 000	1 060 000	950 000	1 160 000	850 000	1 269 000	950 000
安　徽	517 607	56 256	517 607	56 256	625 769	201 945						
福　建	1 860 204	807 473	1 916 680	792 797	2 036 000	1 026 700	2 036 000	1 026 700	2 120 637	1 103 472	2 200 790	1 205 447
江　西	500 000	175 000	550 000	195 000	600 000	212 000	695 000	252 500	768 000	279 000	886 921	523 000
山　东	1 826 400	750 900	1 918 200	763 600	2 061 400	1 236 800	2 498 412	1 594 298	3 195 262	1 825 757	3 661 376	2 073 894
河　南	2 253 724	1 024 346	235 3141	1 042 069	2 423 670	1 400 860	2 423 670	1 400 860	2 491 834	1 497 567	4 578 961	1 991 200
湖　北	818 512	327 405	855 545	375 440	869 808	391 414	1 092 875	689 166	1 322 467	935 270	1 119 228	1 029 347
湖　南	680 000	430 000	690 000	435 000	650 000	390 000	722 000	455 000	720 000	550 000	750 000	580 000
广　东	600 594	581 253	652 378	619 320	701 952	678 541	732 205	701 080	735 334	791 080	730 337	758 230
广　西	537 893	239 596	648 680	289 864	758 497	424 193	822 395	515 412	930 777	608 800	1 040 618	748 019
重　庆	48 370		49 620		52 780	22 167	58 058	24 384				
四　川	1 005 000	407 000	802 400	363 500	589 800	1 190 700	589 800	1 190 700	1 359 650	501 600	1 488 180	615 700
贵　州	23 320	45 695	18 560	22 272	30 940	282 400	35 440	28 240			185 000	157 000
云　南	77 580	193 171	69 900	300 000	69 753	350 000	108 000	220 000	135 000	270 000	215 796	596 313
陕　西	445 883	230 951	480 938	252 375	546 676	333 131	546 676	333 131	603 424	454 360		
甘　肃									122 500		135 345	316 350
宁　夏	14 554	4 584	14 860	8 624	16 287	3 116						
新　疆	35 854	24 486	36 203	24 456	34 749	23 072	47 300	28 500	51 103	58 000	58 000	66 000
总　计	16 822 166	7 966 025	18 272 216	8 649 940	21 409 042	1 3693 292	22 011 620	14 132 153	25 717 365	15 432 439	28 279 921	17 720 591

（续）

地　区	2013年		2014年		2015年		2016年		2017年		2018年	
	产量（吨）	产值（万元）	产量（吨）	产值（万元）	产量（吨）	产值（万元）	产量（吨）	产值（万元）	产量（吨）	产值（万元）	产量（吨）	产值（万元）
北　京	143 528	117 880	128 185	104 490	136 647	120 247	111 328	70 525	122 457	104 282	94 533	84 600
天　津	117 328	101 738	79 203	56 405	117 499	97 221	102 596	90 619	102 679	86 289	103 014	91 887
河　北	2 096 994	1 267 964	2 300 000	1 500 000	2 708 407	2 028 349	2 762 028	2 168 942	2 918 936	2 130 274	3 020 000	2 280 000
山　西	221 014	152 499	250 158	171 288	274 681	200 263	306 114	224 521	331 871	26 2178	362 360	286 286
内蒙古			10 668	8 528	412 013	274 002	442 506	363 739	518 449	399 520	521 210	464 792
辽　宁	1 211 700	779 000	1 167 375	731 439	1 007 472	590 138	1 004 573	648 790	1 077 468	848 404	1 126 460	910 978
吉　林	1 311 593	894 710	1 516 146	1 234 850	1 962 624	1 610 000	2 374 140	1 864 320	2 301 215	1 805 063	2 301 215	1 805 063
黑龙江	2 865 106	1 486 163	3 164 429	1 626 891	3 239 113	1 955 526	3 312 762	1 998 776	3 243 481	2 047 864	3 243 481	2 047 864
上　海	126 883	99 059	182 745	156 856	185 875	163 053	180 820	154 254	108 000	78 000	82 943	65 088
江　苏	2 333 712	1 224 199	2 1297 46	1 402 793	2 239 512	1 805 567	2 283 058	1 766 537	2 201 492	1 704 283	2 191 216	1 701 719
浙　江	1 341 553	1 025 373	961 600	642 300	851 550	586 000	728 870	569 801	698 400	566 974	784 788	551 748
安　徽	657 600	613 807	682 196	1 227 380	684 350	124 310	533 398	437 714	705 507	152 806	577 371	484 989
福　建	2 316 010	1 376 025	2 361 617	1 631 510	2 470 012	1 553 595	2 560 171	1 650 890	4 087 100	2 113 000	4 186 574	2 168 448
江　西	1 000 538	739 000	1 062 395	785 000	1 105 396	1 051 845	1 109 681	1 079 408	1 211 806	1 221 152	1 271 806	1 221 152
山　东	4 125 144	2 471 115	4 199 497	2 481 957	4 463 098	2 693 000	4 249 207	2705520	3 929 900	2 640 000	3 930 000	2 640 000
河　南	4 737 063	2 083 200	4 602 100	2 291 100	4 886 500	3 681 680	5 102 000	3 809 000	5 191 000	3 800 000	5 304 347	3 916 760
湖　北	1 355 506	1 084 405	1 441 100	1 152 880	1 203 301	1 064 060	1 391 028	1 434 055	1 158 000	1 026 557	1 316 000	1 292 000
湖　南	850 000	650 000	880 360	668 652	858 190	588 879	771 665	520 314	771 665	520 314	771 665	520 314
广　东	755 474	775 351	664 370	618 500	640 828	600 885	718 807	722 430	640 828	600 885	640 828	600 885
广　西	1 202 633	1 001 246	1 252 379	1 089 865	1 279 527	1 096 273	1 286 376	1 152 590	842 452	784 668	842 452	784 668
重　庆			386 200	239 000	388 630	232 284	345 618	278 372	300 042	248 888	301 126	281 393
四　川	1 600 162	631 002	1 757 498	725 650	1 948 050	802 960	2 003 655	1 034 892	2 055 610	1 200 527	2 134 269	1 303 034
贵　州	69 783	89 641	206 000	191 600	200 580	217 623	454 000	472 500	570 000	560 000	570 000	560 000
云　南	307 600	804 000	399 000	998 000	486 000	1 200 000	473 595	1 233 503	528 263	1 300 831	528 263	1 300 831
陕　西	684 177	535 714	719 378	589 270	721 900	595 947	1 098 800	747 200	1 214 200	747 200	1 098 800	747 200
甘　肃	200 400	100 200	133 573	124 841	153 223	111 093	152 190	128 460	152 146	128 460	152 146	128 460
宁　夏									81 490	83 715	81 490	83 715
新　疆	64 800	75 000	63 000	130 000	137 700	119 000	107 600	90 100	67 780	567 650	67 780	567 650
总　计	31 6963 01	20 178 291	32 700 918	22 581 045	34 762 678	25 163 800	35 966 586	27 417 772	37 132 237	27 729 784	37 606 137	28 891 524

注：1. 数据来源由各省、自治区、直辖市食用菌协会及相关管理部门提供，由于多方原因，数据不够完整，仅供参考；2. 以上产量统计全部按鲜品计算。